ウィシュマさんを知っていますか？

名古屋入管収容場から届いた手紙

眞野明美 著　　構成・関口威人

目次

プロローグ　2020年12月18日

初めての面会

　名古屋出入国在留管理局の面会室は、寒々としていた。

　窓のない殺風景な小部屋。エアコンもかかっていない。扉は新型コロナ対策の換気のためとして半開きで、師走のひんやりとした冷気が室内に入り込む。

　その部屋の奥から、彼女が姿を現した。アクリル板越しに初めて見る彼女は、まるで少女のようだった。

　でも、一緒にいた支援者によれば、当時33歳の大人の女性。その3年前に母国のスリランカから来日し、日本語学校に通っていたが、仕送りが途絶えるなどして生活に困窮。ドメスティック・バイオレンス（DV）の被害にもあい、静岡で警察に駆け込んだところオーバーステイが発覚して名古屋入管に収容された……などと聞かされていた。

　収容生活は既に4カ月に及ぶ。明らかに衰弱しているのが見てとれた。

　こんなところに居させてはいけない！

　そう感じた私は、あいさつもそこそこに「私の家に来てくだ

さい。一緒に暮らしましょう」と伝えた。彼女は両腕で自分の体を抱きしめ、上半身を揺らした。初対面の私と彼女との間に、絆が生まれた瞬間だった。

　彼女の名は、ウィシュマ・サンダマリ。その後5カ月足らずで命尽き、その経緯をめぐって国会を巻き込んだ議論が展開されようとは、まったく思いも寄らぬ出会いであった。

「初めて私の体を心配してくれる言葉を聞いた」

　私はシンガーソングライター、67歳。名古屋方面では、少しは名前を覚えているシニアもいるかもしれない。

　歌生活はけっこう長い。子育てや夫婦の、人前では言えないことこそ歌にする。仲間がこさえてくれた弁当とセットにして、生活感たっぷりの歌を披露する出前コンサートを行い、当時としては珍しい「主婦の仕事おこし」として話題を集めたものだ。

　廃墟同然だった空き家を大改修したわが家の2階には、入管から仮放免されたウガンダ人男性を受け入れていた。また、2年前には、茨城県の牛久入管（牛久市の東日本入国管理センター）に3年以上も収容されていたスリランカ人男性が仮放免されるための保証金、約20万円の一部を支援したことがある。

　そんな縁もあり、今回はウィシュマというスリランカ人女性が仮放免されたら、また受け入れ先になってほしいと名古屋の

外国人労働者・難民支援団体「START」の松井保憲さんから相談されていた。

　ただ、ちょうど私は地域の子どもたちの学習支援でのために新しく「無料塾」を始めようと毎日ドタバタで準備していたところだった。そこで「まずは会ってから決めさせてください」と松井さんの面会に同行することにしたのだ。

　外国人支援歴数十年の松井さんは、さすがにベテラン。面会室でウィシュマの話を聞きながら、冷静にメモを取っている。

　でも、慣れない私は一つひとつの状況に驚きと怒りがこみ上げてくる。

　DV被害者なのに、こんなところに閉じ込められているなんて。

　私はウィシュマの姿を見てとっさに尋ねた。

　「おなかは大丈夫なの？」

　すると彼女は身をよじらせ、手で顔をおおって声をしぼり出す。

　「ここに来て、初めて私の体を心配してくれる言葉を聞いた」そして、「私は初めての子を殺してしまった……」と大きく顔をゆがめた。

　アクリル板がなかったら、私は彼女を抱きしめただろう。

　後でわかったことだが、彼女はDVの加害者である元交際相手に無理やり薬を飲まされ、堕胎させられてしまった経験がある。それがどれほどのトラウマになっただろうか。にもかかわ

らず、ここでは何もケアがされていないの!?　と、私は入管への嫌悪感で胸がバクバクした。

　入管に来てから、ウィシュマは体重がかなり減ったという。
「それって、私はうらやましいけど、どうなの？　病気じゃないの？」
　こう尋ねると、彼女は言葉を探しているようだった。
「おなかは痛くないの？」
　私は重ねて聞いた。
「うん……いたい」と彼女。
「いつも痛いの？」「生理はちゃんとあるの？」とたたみかける私。
　ウィシュマは微笑んで「はい、あります」と答えてくれた。
　私は「よかったぁー、生理は大事だから」と彼女を見つめて、何度も大きくうなずいた。

　私たちを隔てるアクリル板は、コロナ対策で通気孔がすべてテープでふさがれていた。だから互いの声はなかなか聞き取れない。
　私たち面会者は声のボリュームを上げて話せるが、ウィシュマは弱っていて声が小さいから、こちらが聞き取るのは大変だ。
　それでも、次第に緊張もほぐれ、こんな話をしてくれた。

「私、まだ日本語よくわかりません。だから、救急車が通るとき、『ご注意ください、ご注意ください』と言ってるとわかる前は、"ゴジューエンクダサイ、ゴジューエンクダサイ"って聞こえた。どうして『50円ください』って言うのかわからなかった」

あはははは……私も松井さんも、声を立てて笑った。

ウィシュマは照れくさそうに笑った。これが素顔の彼女なんだと思った。

他にもウィシュマから母国での生活や仕事について聞き、一方の私はシンガーソングライターであることを松井さんが紹介し、今は着物から服を作る活動などもしているといった話で40分間の面会はあっという間に終わった。

別れ際、私はウィシュマに、

「ここでは苦しいことは考えないでね。たくさん絵を描いて、手紙をちょうだい。私も返事を書くから」

と約束をし、アクリル板越しにハイタッチをして別れた。

私の頭には、牛久入管の仮放免で支援したスリランカ人男性から届いたお礼の手紙があったのだ。難しい漢字も使った丁寧なお礼の言葉とともに、マンダラのような絵が2枚添えられていた。緻密で色鮮やかで、ため息が出るような出来栄えだった。

スリランカの人は絵を描くのが好きなのだろう。

何気ない私の思い付きだったが、まんざら間違ってはいなかったようだ。それから４日後、ウィシュマからさっそく私のもとに手紙が届いた。まだ手描きの絵こそなかったが、色とりどりの花の絵に縁取られたすてきな便せんだった。

　そうした手紙を通して、私はウィシュマとの時間を共有することになった。

今、私にはあなたがいます

　ウィシュマが最初の手紙を書いてくれていたころ、私は地域の小学生たちを対象とした「無料塾」の立ち上げに大わらわだった。

　塾といっても学習支援にとどまらず、複雑な家庭環境にある子どもを民生委員さんを先頭に行政の支援窓口につないでいった。これはわが家のウガンダ人男性のアドバイスだった。「コミュニティのボスに相談してください」という彼の言葉に従ったのだ。

　ランチタイムにわが家へふらりとやってきて「家に入れない」という女の子。

　居間に通してあげて「お弁当はある？」と聞くと首を横に振る。

　そこで、おにぎりを作って卵を焼き、リンゴをむいて出してあげた。でも食べない。

　「リンゴ嫌いなの？」と聞くと、じっと私の顔を見つめて「か

めない」と言う。

え？　歯がないの⁉

あわてて近所の歯医者に連絡して見てもらうと、「虫歯の治療どころじゃない。うちではやれない」と専門の病院を紹介してもらう……、そんな世話をするのが私の役目。

一方、学習の遅れを取り戻してもらおうと面倒を見るのは元教員の友人。もともとリタイア後に無料塾を開くのが夢で、今回は算数の教材を手作りするほどの力の入れようだった。

「今は生徒2人だけれど、そのうち増えるだろうから、一緒にやってくれる教員仲間を1人ゲットした！」と、冬休みのスケジュールや指導方針などを次々にメールしてくれる。その意気込みに、私も背中を押されながら走り回っていた。

そんな日常の合間に、ふとウィシュマのことを思った。

そうだ、ウィシュマはスリランカで英語の先生だった。彼女が仮放免でここに来たら、子どもたちに英語を教えてもらおう。スリランカ料理を一緒に作って、食べて、文化交流ができる。彼女も元気になれるし、私たちシニアも活性化するだろう……。

おっと、いかん！　忙しさにかまけてウィシュマに画材を送るのを忘れていた。入管には絵を描く道具がないから、私の方で買って送ると約束していたのだ。

私は文房具店に走り、極彩色やパステルカラー、金や銀のカラーペン、色画用紙、お絵かき帳などを購入。切手や封筒も詰

めて荷造りを始めた。

　そこでまた思い出した。彼女、私の写真もほしいと言っていた。

　ここ数年、自分の写真なんて撮っていない。でも、とっておきのものはある。私の自作曲の歌詞と昔の宣伝写真をあしらった通称「歌ハガキ」だ。それら数枚を段ボール箱に同封して、近所の郵便局から名古屋入管のウィシュマ宛てに送った。

　それと入れ替わりに届いたのが、ウィシュマからの初めての手紙だった。

　すべて英語で、丸っこくかわいらしいアルファベットが2枚の便せんにびっしり並んでいた。私なりに和訳すると、以下のようになる。

———————

　マノさんへ

　いかがお過ごしですか、マノさん？　お元気でいらっしゃるかと思います。来てくださってありがとうございました。親切な方からのヘルプが必要なまさにこのときに、マツイさんのおかげであなたに会えて、私は彼にとても感謝しな

ければなりません。

　さて、私は日本語学校で学んでいました。しかし、私の友人たちは私を助けることができませんし、今は話すことさえできません。なぜなら、私は電話番号の控えもなく、友人や家族とのコンタクトも失ってしまいました。2年半前のことです。悪質な人物との最悪の関係が原因です。もう私は家族さえいないのです。本当のところ、今は私の問題をすべて忘れるべきなのでしょう。

　ねえ、マノさん、あなたは絵を描いたり、音楽に関心があって、野菜を育てたり、服を作ったりされるアーティストなんですね。

　私はきっとあなたをお手伝いできると思います。ここを出て一緒に暮らすようになれば。あなたの絵を見るのも心待ちにしています。マノさん、すてきな画家やアーティストとして、あなたはどんな色がお好きですか？　よきファーマーとして、あなたのお好きな野菜は何ですか？

　もしできることなら、私にピアノ演奏を教えてください。そして、服作りも学びたいです。

　どうか、あなたの写真を送ってください。そうすれば、ずっとあなたと一緒にいられます。たった一度、あなた

①

Dear Mano san;

How are you Mano san? Hope you are fine. Thank you very much for comming at the correct time when I needed help from a kind person. Because of Matsui san I met you and I need to thank him too.

So, I was learning in a Japanese language school, but my friends can't help me and they don't talk to me now because I had no telephone number and I lost my all the contacts of my friends and family before 2½ years because of a wrong relationship with a wrong person. Now I don't have my family even. Actually I need to forget all my problems now.

I know Mano san, you are a good artist with painting and drawing, interested in music, farming vegetables and dress making or making clothes I think.

②

I think I can help you a lot after
I come to live with you. I am waiting
to see your paintings too. Mano San,
I would like to know, as a painter
and good artist, what is your favourite
colour? And as a good farmer what is
your favourite vegetable?

Please If you can teach me
how to play piano and I like to
~~learn~~ how to sew clothes too.

If you can please send ~~my~~ me your
picture (a photo). because I can keep it
with me. I saw you only one time and
I want to see your face again. When
you have time, please come to visit me
but if you can only. I know you are
too busy with your all work. Only Matsui
san came to visit me before. I am so
happy because, now I have you as
my gaardian too. I think I wrote a lot to
you. I will write to you again and waiting for
your kind reply.   Thank you.
                         Yours faithfully
                         Wishma Sandamali

の顔を見ただけですから、またあなたの顔が見たいのです。時間があるとき、どうぞ私を訪問してください。もしできればのことですけど。あなたが多くのことで忙しいのはわかっています。以前はマツイさんだけが私を訪問してくれました。私はとても幸せです。だって今、私にはあなたがいます。守護者でもあるあなたが。私はたくさんの手紙をあなたに書きます。私はまた書くつもりです。そして、あなたからの優しい返信を待っています。

感謝を込めて
ウィシュマ・サンダマリより

———

手紙の前半には、元交際相手とのことが「悪質な人物との最悪の関係」と書かれている。松井さんによると、ウィシュマが来日して2カ月後に知り合ったスリランカ国籍の男性だ。約3年半の同居生活の中で、最初は優しかったが、徐々に暴力を振るうようになった。銀行通帳やカードも奪い取られたという。

ウィシュマは、たまりかねて警察に助けを求め、男性は捕まった。しかし、いつ出てくるかわからない。スリランカに帰っても追いかけてくるかもしれない。ウィシュマはスリラン

カの家族とも連絡が取れず、孤独と絶望の淵に立たされたこと
だろう。

　名古屋入管で帰国同意書にサインはしたものの、「国に帰り
たくない」「日本は良い国だから、日本に残りたい」と訴えた。

　実際、男性からは入管収容中のウィシュマ宛てに2回手紙が
届いた。その中には彼女の生活状態を気づかう言葉もあったが、
彼女が警察に通報したことを恨んでいて、

　「スリランカに帰ったら探し出して殺す」

　と書いてあったとウィシュマは打ち明けていたという。

　癒そうとしても癒えない大きな傷、トラウマであったろうが、
ウィシュマは「すべて忘れるべき」だと意を決した。それは
「つらいことは考えないで。頭をからっぽにして」という私の
忠告を守ろうとしてくれたのかもしれない。手紙の後半は、私
への問い掛けや要望、希望の言葉がほとんどだ。

　ただ、松井さんが私のことをかなりオーバーに紹介したから
か、私が立派な画家や「ファーマー」になっている。実際は畑
などなく、近所のコミュニティースペースにハーブや南国風の
植物を植えているだけなのに。

　そんな誤解も彼女の純真さがあってこそ。ウィシュマを思っ
てあれこれと返事を書く時間が、私にとっても日常のあわただ
しさを忘れさせる楽しみとなっていった。

絵を描く文房具をありがとう

　手紙より先に、ウィシュマから直接の電話が来た。

「文房具をありがとう！」

　面会室では聞けない、はずむような声だった。
　新型コロナ対策という名目で、実際に彼女が手に取れるのは
３日後になるのだという。
　あまり納得はできなかったが、「本当にうれしいです」とい
うウィシュマの興奮気味の声に、私も思わずガッツポーズ。
　ただ、彼女からの電話は入管収容棟の国際公衆電話からで、
料金が高くつくと知っていた。私は「寒いから風邪をひかない
ように、お湯を飲んで体を温めてね。たくさん絵を描いて。楽
しみに待ってますよ」と手みじかに伝えて電話を切った。

　そして３日後、またウィシュマからの電話が。

「マノさんですかぁ、ウィシュマです。元気ですか。たくさん、たーくさんプレゼントありがとうございます！」

　彼女は熱が出て、この３日間個室に移されて大変だったそうだ。だからなおさら、私からの画材を手に取れて喜びが爆発したのだろう。

　私はまた電話代を気にしつつも、彼女のうれしそうな声を一つひとつかみしめるように聞いた。ほぼ同時に届いた手紙にも、喜びがあふれていた。

───────

　マノさんへ

　あなたからの文房具パッケージが届きました。私は28日の月曜日にそれを受け取ります。コロナ禍の規則で、３日後に届けられる予定です。ありがとうございます。本当に私、そんなに大きいおみやげがもらえるなんて期待していませんでした。いよいよ、私は絵を描けます。このあと、ロッカーから私の色鉛筆を出してもらうのを待って、私はあなたに絵を送ります。

あらためて、本当にありがとうございます。こんな大きな贈り物や手紙を送ってくださって。写真の中の黒いドレスを着て、ショートヘアのあなたは、とてもすてきです。私はギターが大好きです。以前、ギターを持っていましたが、あまり練習しませんでした。"C" コードと "D" コードの間の小さい歌だけできたけど、今たぶん忘れています。"A" コードと "B" コードがとても大変でした。"D" コードから "C" コードに変わるのも大変です。練習するとき、指が痛かった。あとで私に教えて。お願いします。

　マノさんのヘアカットは本当にきれいです。面会に来たとき、髪が短いことだけはわかったけれど、ヘアスタイルは見ていない。写真で見るヘアカットはきれいです。私は美容師の資格免許も、３カ月間の美容訓練の証明書もあります。前、パパがいたときは美容室をやっていたから、私にも教えてくれました。パパは死んだから、美容室は閉店しました。一回、マノさんのヘアカットのやり方を見たら、私にもたぶんカットできるかもしれません。一緒にサロンに行ってみて、やってみようと思いました。それは、マノさんが好きだからです。

　マノさんは歌うこともできる。絵も楽器も、服も作る、野菜も作ることができる。たくさん、いろいろ上手な人です。私、びっくりです。あなたのようにすてきな人と出会

Dear Mano さん;

    I got your stationary Pacage and I will have it on 28th of Monday due to the law of corona situation, gifts can be delivered after 3 days. Arigato gozaimasu. Honto ni watashi Sonna ni ooki omiyage morau tho expect shite imasendeshita. Now I can think and draw. I will ~~senyd~~ send you my drawing later because I am waiting to have my colours from locker.

    Thank you very much once again for ~~go~~ giving me such a big gift and writing a letter for me. You were so nice in the picture with black dress and short hair cut. I like guitar so much. Before I had a guitar but I ~~do~~ didn't practice so much. "C" code tho "D" code no aida no chisagi ~~oda~~ uta dake dekita kedo ima tabun wasurete imasu. "A" code tho "B" code ~~thot~~ hemo taihen deshita. "D" code kara "C" code ni change mo taihen desu. Practice thoki yubi itakatta. Atode watashini oshiete onegaishimasu.

    Mano さん no hair cut wa hontoni kirei desu. Menkai kita

えてよかったです。

　あなたは新年を祝う準備をしていることと思います。2021年は、私にとってもすてきな年になるでしょう。だって、そのうちにあなたやご家族と一緒にいられることになるから。そのとき、一緒に新年を祝うことができますから。今年は入管の中でしょうが、私はとてもハッピーです。だって、あなたやマツイさんも一緒にいてくれて、私をケアしてくれるから。本当にありがとうございます。

　そして、私はクリスマスの日にあなたからのプレゼント

toki, kami mijikai dake wakatta kedo hair cut mite nai. Phot de aru hair cut kirei desu. Watashi ni haircutting diploma +3 months haircutting practice certify aru. Mae papa iru thoki, papa wa hair cutting Saloon yatt kara watashi ni mo oshiete ageta. Papa shinda kara Saloon closed shimashita. Ikkai Mano san no haircut no yarikata mitara watashini mo tabun cutting dekirukamo shirimasen. Ishyani Saloon itte mite yatte miyo tho omoimashita. Sore wa Mano san suki tho dake desu.

Mano th wa singing dekiru, dawing, playing music instruments, fuku tsukuru, yasai tsukuru dekiru desu. Honto ni Mano th wa takusan iro iro jyozu hito desu. Watashi bikkuri desu. It is so nice to have a woundurful person like you.

I think you are getting ready with New Year celebrations. 2021 will be a nice year for me too. Because I can be with you and family later. Then I can celebrate another newyear together with Mano san and family. This year I will be in Immigration, but I am happy a lot because you and Matsui san mo ishyani watashini iru and care about me. Thank you very much.

And I got your present on Christmas day and I will never forget it. Actually I was so upset before, but now I feel so good.

I have so many things to write to you, but I know you are so busy on these days, Because of new year celebrations. So I hope you are so happy and healthy. Hope to send you a drawing later and waiting for your letter or visit later when you have free time, after these newyear celebrations and holidays.

あけまして おめでとう ございます。

Wish you a very HAPPY NEW YEAR!

Genki de New year celebrations yatte kudasai.

をいただきました。決して忘れません。以前は本当に取り乱していましたが、今はとてもいい気分です。

　私はあなたに書きたいことがたくさんあります。だけど、ここのところあなたが忙しいことも知っています。だって新年のお祝いがありますから。だから、私はあなたが幸せで健康でありますように願っています。ちゃんとこの手紙が届きますように。そして、あなたからの手紙を待っています。お正月の行事や休日の後に、時間があいたときには面会を待っています。

　あけましておめでとうございます。

　ハッピーニューイヤー！

　元気で新年のお祝いをやってください。

———————

　この手紙はところどころローマ字で書かれていて、ウィシュマの気づかいが感じられた。美容師の資格やギターの練習の話からは、好奇心旺盛で行動力のあるウィシュマの一面がわかる。

　祖国を離れて一人で日本に留学したり、日本の子どもたちに英語を教えたいなんて、好奇心と行動力がなければできないこと。特にウィシュマは、スリランカ人女性として誇り高い人生を過ごしてきた人だとわかる。なのに、入管でこんな不自由な

収容生活を送ることになるなんて……。その落差を思うと胸が苦しくなった。

　一方の私は、この手紙に書かれている通り、冬休みに入った年末は大忙しだった。

　無料塾は朝10時から近所の集会所を使わせてもらうのだが、早くから暖房を入れてもらい、先生役の知人も準備はバッチリ。

　ただ、"塾生"の2人は朝はまだボーッとした様子なので、私はウォーミングアップのために冬休みの課題である縄とびに誘う。

　でも、2人はちょっと跳んではフラフラとあっちへ行き、また跳んではそっちへ行きで、こちらが声を掛けても知らんぷり。

　ボランティアだからこその熱意あふれた大人たちを尻目に、小学生は気まぐれなのだった。

　午前中の勉強が終わると、わが家にランチを食べにやってくる。解放されたお2人さんのにぎやかなこと。エネルギーがあり余っている様子なので、おにぎりやホットケーキ、シチューやお好み焼き作りなどを手伝わせた。

　すると、1人がさらりとつぶやく。

「これが本当の家族だったらなー」

　そうか……家族で楽しく食事作り、いいよねぇ。孫もいない私は、こんな子どもたちとのふれあいを楽しみつつ、ウィシュマの様子にも思いを馳せていたのだ。

「手紙」　2020年12月31日

私が描いた絵には意味があります

　てんやわんやの年末が過ぎ、正月がやって来る。コロナ禍も
あって、私はほとんど買い物もせず、わが家にあるものでおせ
ち作り。正月も家に居場所がなく、上がり込んできた無料塾の
女の子や、難民申請中のウガンダ人男性と箸をつつく。

　ウィシュマがいれば、この日本独特のおせち文化を少しは伝
えられたのに。まあ来年できるかな……などと考えていると、
それを見越したようにウィシュマからユニークな手紙が届いた。

———————

Dear マノさん

　元気ですか、マノさん！　元気でいられますことを。本
当にごめんなさい。12月28日以降のグリーティングカード
や手紙を送れませんでした。2021年1月4日まで入管が休

みだったからです。

　でも、私はあなたやマツイさんへの新年のカードを作りました。それらを、1月4日には送ることができます。

　私は、自分の絵とその意味を書きました。

　私は、新年にテレビを見るのができるだけ。でも、マノさんはいろいろやると思います。マノさんが何をやったのか、知りたい、見たいと思うようになりました。新年に友達と歌ったりしましたか？　私はそういったことが本当に知りたいです。

　私は外にいるとき、これ（鏡餅の絵）を見ました。

　スーパーの中にいた日本人の一人が、この中にごはんが入っていると教えてくれました。でも、この中のごはん食べてみたくなりました。新年にみんなこれを買うことがわかりました。スーパーの中にいっぱいあります。食べ方がわからないから、みかんだけ食べました。私はこれが何なのか見たいから買いましたけど、捨てました。

　これ（2段のおもち）何の意味ありますか？　本当にわかりません。何でこれ1段、2段あるのですか。本当にわかりたいです。あとで教えてください。マノさん、お願いします。一番上にみかんがあります。何の意味があるのだろうと考えました。

マノさんのうちに犬いますか？　私は犬が好きです。そして魚も好きです。私のスリランカのうちで昔、パパと一緒に大きな水槽を作りました。きれいな魚をいっぱいパパが持ってきました。12匹いました。犬も1匹いました。犬の名前は「シャニー」。大好きでした。犬は遊ぶし、人間の気持ちがわかる犬もいます。私の犬も私の気持ちわかります。とても良い犬でした。

（魚の絵とともに）

これぜんぶ魚。私の水槽にいました。saree gappi fishがいっぱいいました。

①－gurami fish

②－saree gappi fish、小さい魚だけどきれい。しっぽがサリーみたいでカラフルです。

③－gold fish

④－cat fish

⑤－ながい魚。でも私、この魚の名前わからない。灰色がないから別の色で塗りました。

　今いっぱい書きましたから、ここで止まります。元気に過ごしてください。大好きです、マノさん。

2020/12/31

Dear まの さん;

Genki, desuka mano san !. Hope you are genki. I am so sorry that I could not send you a greeting card and a letter after 12/28th because We Can't send letters because of Niyukan Yasumi were held until 04th of January 2021.

But I made some New year greeting Cards for you and Matsui san too. I can send them on 04th Jan: only.

I drew my own drawing and I wrote its meaning also.

Watashi new year ni terebi miru dekiru dake de mo, Mano san iro iro yaru tho omoi masu. Mano san nani nani ga yarimashita no wa wakaru hoshi, miru hoshi ni narimashita. Did you sing songs with your friends on New year day? I really like to know them.

Watashi Soto iru thoki mochi [drawing] kore mita. Kono naka gohan arimasu tho suupa no naka imashita no nihon jin hitori oshieta. Demo kono naka no aru gohan taberu hoshi natta. New year ni minna kore kaimono yaru wakarimasu. Suupa no naka ippai arimasu. Tabekata wakaranai kara mikan dake tabeta. Watashi kore naniga mite hoshi kara kaimashita kedo suteta. [drawing] kore naka nanno imi arimasuka? Hontoni wakarimasen. nande kore [drawing] 1, 2 stages arimasu. honto ni wakaru hoshi kimochi arimasu. Atode oshiete kudasai mano san, onegai shimasu. Ichi ban uwe mikan mo arimasu. nan no imi aru tho   Kangaemashita.

Mano jh no uchi ni inu imasuka? Watashi inu ga suki desu. And I like fish too. Watashi no Srilanka no uchi de , me and my father before made a big fish tank. Kireina Fish ippai Papa motte kimashita. 12 ppiki imashita. Inu mo hitori imashita. My dog's name was "Shang". I love it so much. Dogs can play and dogs wa ningen no kimochi wakaru dogs mo imasu. Watashi no dog mo watashi no kimochi wakarimasu. It was a good dog.

① - gurami fish

② - Saree gappi fish , chisai fish demo kirei. tail is like a Saree with many colours.

③ - gold fish

④ - cat fish

⑤ - ngai fish demo watashi

Kore sembu Sakana watashi no fish tank ni imashita. Saree gappi fish ippai imashita.

Kono Sakana no namae wakaranai ash colour. ash colour nai kara betsu de colour shimashita.

Ima ippai kakimashita kara koko de tomarimasu. Genki ni sebu shite kudasai. Love you so much Mano san.

Yours,
♥ Wishma. ♥

Yours,

ウィシュマ

――――――

　この手紙には、黒地に「よいおとしを」「あけましておめで
とうございます」というひらがなに、ライオンやチョウチョ、
家や花、そして鏡餅の絵も添えられている。

　私が送った色画用紙にカラーペンを使って一生懸命描いてく
れたようだ。とてもかわいらしくてカラフル。そして、鏡餅へ
の疑問を膨らませるくだりからも、実に感性が鋭く、豊かであ
ることがわかる。

　絵を描いているうちに、よほど気分も乗ってきたのだろう。
もう1通、追加の手紙と幾何学模様の素晴らしい絵が同封され
ていた。スリランカの奥深い文化と、ウィシュマの美しい心の
広がりを表したような絵だ。

――――――

　マノさんへ

　私が描いてマノさんにあげた絵の意味があります。あな

たがいるから今、全部問題忘れてフリーに絵を描きました。あなたが色画用紙やペンをくれたから。本当にありがとうございます。今までと違って、いい方向に考えられるようになりました。

　私の絵について；真ん中の絵は、私たちの生命の世界。真ん中の周りに、生命を４つのステージに分けました。（生まれる、死ぬ、この間にある良いことと悪いこと）
　良いこと―青
　悪いこと―赤
　安らぎ―黄

（トウモロコシと稲の絵）　→コーンとごはんは、みんな人間、動物のために世界中にあるから、これを描きました。

（ハートマークの絵）　→ハートは―愛
　　　　　愛＝怒り(赤)＋問題(青)＋安らぎ(黄)

（黄色い花の絵）　→この花で、ただただ安らぎを表しています。みんながこの世界の中で安らぎはどこ、安らぎはどこにあるのと探していますけど、安らぎは愛の中にもちょっとだけ、世界の中にもちょっとだけ。本当の安らぎ

Dear まのぶ；

　私 kaita no painting no naka, 私 ageta no imi arimasu.
anata iru kara　ima sembu mondai wasurete free ni painting
yatta. Colours, pens, papers ageta da kara honto ni arigato gozai
masu. My mind changed to think nicely in a different way.

In my painting ; mannaka :- watashi thachi no sekai de life,
mannaka no mawari ni, I devided the life into 4 stages.
(umareru, shinu, kono aida ni aru good and bad things)
　good things　— blue
　bad things　— red
　relax　— yellow

→ corn tho gohan wa mimna ningen, dobutsu no
Maize
corn   rice   tame ni sekai no naka aru kara　kore kaita

→ heart wa — love.
relax   problems   - love = angry + mondai + relax
                                      (red)   (blue)   (yellow)

→ kono flower de, only relax.
only relax   minna sekai no naka　relax doko aru, doko aru tho
            sagashite imasu kedo,　relaxing wa love no naka
            mo nai chotto dake, sekaino naka mo　relax chotto dake,
honto no relaxing wa　betsu ni sagasu dekiru koto da kara.
betsuni oki hana de　relaxing kakimashita.

→ Sun and moon nai thoki nanimo nai kara,
Sun   moon   kono sembu sun and moon no mannaka aru kara
            kakimashita.

blank frames

kono blank frames wa,
minna no life no naka, nani ga thari nai mono aru.
jibun wakatte nai no thoka, wakatte mo filling dekinai
natta no blank period arimasu. jibunde kono blank
periods wasureru hito /wasure nai hito no tameni kono
blank frames nani mo kaka nakute mannaka blank ni arimasu.

は別に探せることだから、別に大きい花で描きました。

　（太陽と月の絵）　→太陽と月が出ていないときは何もなく、すべては太陽と月の真ん中にあるから描きました。

　（空白の枠）　→この空白の枠は、みんなの命の中。何か足りないものがある。自分でわかっていないとか、わかっていても埋められない、空白の時期があります。自分でこの空白の時期を忘れる人／忘れない人のために、この空白の枠は何も描かなくて、真ん中に空白があります。

　（水と木の絵）　→水と木は、生活する上で大切。果物や野菜もです。

water

→ mizu tho ki wa Seikatsu de taisetsu
kara, Fruits and vegetables mo. ←fruits + vegetables

⟷ kono hana, lotus flower 4 aru
4 ni betsu betsu imi aru.

1. belives (god, culture, passion .....
2. experiens (family experience, habit experience, Friends......
3. education (out side, school, internet . . . . . .
4. thoughts. (good thoughts, bad thoughts)

←frame → minna no life wa, jibun no awasete
aru no belives, experiens, education, thoughts
. no aida de tsutta no frame arimasu.
                  ku
atho ningen no horitsu, traditions no aida
de minna no kangae kata no changes arimasu.
For example → A doctor thinks in another way
(small example)
but a doctor can be a father, then he
thinks in another frame.
Same person in two frames when he is
in a father's role he is in a different frame.
when he is in a doctor's role, he thinks in a
different frame.

So this is about my picture mano san. hope you
will understand it. Watashi Painting ni jyosu hito jyanai
de mo kokoro relaxing ni narimashita kara dekiru yoni
Kaita. Thank you for helping me to be relax and
peace in my mind.
                                    Yours,
                              Wishma Sandamali
                                      C ...

（ハスの絵）　→この花は、ハスの花です。４つの花、それぞれに別々の意味があります。

    1．信仰（神、文化、感情…）

    2．経験（家族、習慣、友人…）

    3．教育（社会、学校、インターネット…）

    4．思想（良い考え、悪い考え…）

（枠の絵）　→みんなの人生は自分の中の信仰、経験、教育、思想を合わせて作った枠があります。あと人間が作った法律や伝統の間で、みんなの考え方も変化していきます。

ちょっとした例ですが、医者というのは一つの側面ですが、父親になれば、また違う枠で考えます。同じ人物でも２つの枠を持っていて、父親という役割ならその枠があり、医者の役割ならまた違う枠の中で考えるということです。

マノさん、これが私の絵の説明です。おわかりいただけますように。私は絵が上手な人じゃないけど、描きながら心がリラックスしましたから、無理なく描けました。私の心に安らぎと落ち着きを取り戻してくれて、感謝します。

Yours,

ウィシュマ・サンダマリ

この手紙に添えられていた絵は以前、仮放免の支援をしたスリランカ人から届いたマンダラのような絵と同じイメージだった。

　実際にはマンダラではなく、こうした絵の技法としてスリランカの人たちが習うものなのだろう。そこに、ウィシュマなりの意味付けを加え、形や色彩をデザインしていた。

　特に「安らぎ」を意味する黄色い花や、みんなが持っている「何か足りないもの」としての空白の枠などが印象的だ。

　同居相手による暴力や、入管の理不尽な収容生活の中で、ウィシュマはすっかり安らぎを失い、心にぽっかりと空白ができてしまったのだろう。こうして絵を描くことで少しでも安らぎを取り戻し、心の空白を埋めてくれればいい。そう願って文房具を送った私も、心から安堵した。

　しかし、そんな心の平穏とは裏腹に、ウィシュマの体調はこの年明け以降、急速に悪化していくのだった。

熱が出て個室へ移されました

　年が明け、2021年がスタートした。年末から懸念されていた新型コロナウイルスの感染拡大は収まらず、1月8日から首都圏の1都3県に2回目の緊急事態宣言が発令。13日には愛知県を含む7府県に宣言対象が拡大した。

　外出や移動が制限される中で、松井さんと私はウィシュマの仮放免に向けて書類手続きを進めた。私はウィシュマの受け入れ先として住民票を取るなど、正規の手続きのほかに、「入管のルールに沿って間違いなく受け入れる」といった誓約書のような文書を作り、松井さんを通じて入管に送った。

　無料塾の方も年明けから相変わらずあわただしかったので、ウィシュマから電話が来たのに気づかなかったこともあった。連絡を取ろうにも入管は外部からの接触を許していない。

　そうしたタイミングで、ウィシュマから年明けに書いた手紙が届いた。コロナへの心配と、自身の体調も気にして不安を募らせる様子がつづられていた

お元気ですか、マノさん？　私、元気です。一番にありがとうございますと言わせてください。マツイさんからもらった書類はちゃんとやってもらいました。マノさんも全部の書類をありがとうございました。マノさんにありがとうと言うために電話しましたけど、たぶんマノさんは忙しい中ですから、応答がなかったでした。マノさんは忙しいのがわかっていますから、手紙を書きます。

　あとは、入管の中はコロナが危ないですから。いっぱいの人たちがビザのためにいろいろなところから入ってきて危ないから、面会はたぶんできなくなると言われました。重要な面会だけはできるようになるそうです。マノさん、入管の中も外もよく気をつけてください。私もニュースで見ました。東京、神奈川、千葉、埼玉、いっぱいコロナに感染した人がいます。マノさんもマツイさんもよく気をつけてください。あなた方二人を私はいっぱい愛しています。お二人が元気じゃなくなると、私は嫌です。あと、私のたった一人のルームメイト、ジャスティンも元気ない。あなたたちにコロナをあげたくないです。私、本当にマツイさんとマノさんの面会いっぱい待ってます。私、いっぱいさみ

しいです。あなた方二人だけが面会に来てくれます。それ
もなくなると、私の心は大丈夫じゃないけれど、あなた方
二人にコロナあげたくないから、私がまんしています。手
紙書きます、電話します。

　私、12月25日にいっぱい食べ物食べて、コーラも飲ん
で、熱が出ましたから、別の個室に移され、３日間寝まし
た（25日、26日、27日）。１日シャワーもダメになりました。
自由時間は１分もなかったのです。ぜんぜん外に出られな
くて、面会もキャンセルしました。本当にコロナに感染す
ると、これと同じようになるとわかります。個室の中がど
れぐらい大変か、自分でわかりましたから。マノさんも気
をつけて。お願いします。

　私、マノさんの『生命の讃歌』の歌、好きになりました。
意味はちょっとわかりました。でも、どう歌うのかな。詞
だけですから、メロディーと一緒だときれいな歌だと思い
ます。私、聴きたいです。この歌の意味、好きになりました。
　「もう一度、乾杯　何度でも乾杯」これは招待状をもらっ
たようで、本当に大好きになりました。私はこの歌につい
て、こんなふうに考えました。
　私たちは人生の中でいろいろな人に出会い、話したり、
遊んだりします。問題も起こります。問題解決するために

話し合ったり、解決しなくても話したくなったり、いろん
なことをやっています。「かくも長き道のり」　こんなふ
うに長い時間をかけて、友達が敵になったり、敵が友達に
なったりします。憎しみの心もきれいになります。やさし
い人たちも年をとっていきます。この人生の中で、私たち
はがまん強く生きる必要があるのですね。人間に生まれて
きて、よかったです。動物よりも、私たち人間は深く考え
ることができるから、許すこと、助けることができるので
す。幸せになるために、がまんしたり、傷ついたり、がん
ばったりすることが必要なのですね。この人生の道は、石
ころ、ぬかるみ、いばらがあるから大変です。目的地は長
い道のりだから、気を付けていかなければ。すてきな人生
のために私たちは長い道を一緒に行かなければなりません。
でも、それは簡単なことではありません。こんなにも難し
い道だけど、目的のために一緒にがんばりましょう。前の
間違いを直して、悪いことは直して、忘れてしまって「も
う一度、乾杯」と招待します。みんな頑張ってほしいから、
「何度でも乾杯」many times cheers!!!　この歌の意味は、み
んなへの招待状みたいなものなんだとわかった気がします。

　　この歌をマノさんが私にくれた気持ちがわかるようにな
りました。この詞は誰が書いたのですか？　マノさんで

すか？　この歌詞を書いた人の考え方は、本当にきれいです。この歌詞を書いた人にありがとうと言わせてください。私の心がリラックスできるようになる言葉がこの詞の中にあったから、入管の中の問題だったことぜんぶ忘れてしまいました。ありがとうございます。

　マノさん、この歌のこと、私が考えてわかった範囲で歌の意味に合わせて絵も描いたけれど、色付けはちゃんとやれてない。私、クリックペンできれいに塗れない人だから、そのまま黒いペンで線描きだけやってみました。

　マノさんのお誕生日、何月何日ですか？　わかりたいです。マノさんが面会できれば、会いたい、話したい、見たいです。しょうがない、さみしいです。いっぱい愛しています。私、マノさん忙しいのわかりますから、あとで書きます。気をつけてください。

　　Yours,
　　ウィシュマ

―――――

Date 2021. 01 .10 .　　　　　　　　　　　No.　1

Dear Mano san ;

　　　Ogenki desuka Mano san? Watashi genki desu.
Ichi banni arigato gozaimasu iwarete hoshi ni narimashita.
Mano san watashi ni document sembu Chabito yatte agemashita
no wa Matsui san kara moraimashita. Do mo arigato gozaimasu
mano san. Watashi arigato iwareru tameni denwa shimashita kedo
tabun mano san wa isogashi ni imashita kara answer shimasen
deshita. Mano san wa isogashi wa watashi wakatte imasu kara
tegami kakimasu.

　　　Ato wa; Niyukan no naka Corona abunai kara ippai
hito tachi. Visa no tameni iro iro tokoro kara hairimasu
abunai kara menkai wa tabun dekinai naru tho iwareta.
Important menkai dake ageru dekurini narimasu. Mano
san mo niyukan naka mo soto mo yoku kiotsukete kudasai.
Watashi mo news de mita Tokyo, kanagawa, chiba, saitama
ippai Corona hito imasu. Mano san mo Matsui san mo
yoku kiyotsukete kudasai. Anata futarini watashi ippai
aishite imasu. Anata futari genki nai naru watashi suki
jyanai desu. Ato watashi no only friend room mate Justine mo
genki nai watashi suki janai. Anata tachi ni corona ageta
kunai desu. Watashi honto ni Matsui san tho Mano san
no menkai ippai matte imasu. Watashi, ippai samishi desu.
Anata futari dake menkai ni kuru.　　　Sore mo nakunaru
watashi no kokoro daijobu janai kedo anata futari ni
Corona gaeta kunai kara watashi gaman shite imasu.
Tegami kaki masu. Denwa shimasu.
　　　Watashi 25th (December) nichi ippai tabemono tabete cola mo
nonde netsu kimashita kara betsuno room no naka 3days

44　ウィシュマさんを知っていますか?

nemashita (25th, 26th, 27th). Ichi nichi shower mo dame natta.
Free time wa ippun mo nai desu. Zen zen soto dete nai.
Menkai mo cancle shimashita. Honto ni Corona watashi ni kuru
tho kore onaji yoni naru wakarimasu. Betsuno room no
naka taihen donogurai watashi jibunde wakatte imasu
kara Mano san kiyotsukete onegai shimasu.

Watashi Mano san no "Seme no Sanka" song ni suki
ni narimashita. Imi wa chotto wakatta. But I don't know
how to sing it. I know only lyrics. Music tho ishyoni kirei
tho omoimasu. Kikitai desu. Watashi kono song no imi ni suki
desu.

"Mo ichido kampai, Nando demo kampai" kore wa
invitation mitai kara ippai suki ni narimashita. Kono song no
watashi wakatta gurai no aida wa,

Watashi tachi no life time no aida iro iro hito
meeting suru, hanasu, asobu, mondai mo kuru, mo ikkai mondai
kawatte hanasu, mondai kawara nakute mo hanashi shitai naru, iro
iro koto yatte imasu. "Kaku mo nagaki michi nori" korede,
nagai jikan ato de friends can be enemies, enemy can be
a friend, kirei nai hito kirei naru, kirei hito tachi toshi
uwa naru (old), kono senbu aida no life de, We need
to be patient, ningen ni umarete kite yokatta desu.
Dobutsu yori watashi tachi ni yoku kangaeru mo dekiru kara,
forgiveness, help mo dekiru. Shiawase ni naru tameni gaman
suru hoshi, (sacrifise) kizutsuki hoshi, gambaru hoshi,
ishi 石, ishikoro, めがる子, いばら machi aru kara kono life
road taihen desu. Kiyotsukete, destination wa nagai kara,
We have to go along a long road for nice life. But it is
not easy. Sonna ni musukashi no road de mokuteki

no tameni ishyoni gambari masho, mae yatta no machigaeta
tokoro naoshite, warai ho naoshite, wasurete "mo ichi do
kampai" invite suru. Minna gambatte hoshi kara,
"Nando de mo kampai" many times cheers!!! Shite
invitation ageru mitai no imi aru uta (song) mitai
de watashi wakatta no imi desu.

Kono song no naka, Mano san ageta no imi mo
wakaru hoshi ni narimashita. Kono lyrics wa dare ga
kaita desu ka? Mano san desuka? Honto ni kono uta
no lyrics kaita no hito no kangaekata wa kirei desu.
feelings nice. Kono song lyrics kaita hito ni arigato iwarete
dekiru desu. Watashino kokoro relax ni naru dekiru kotoba
kono lyrics no naka de atta kara niyukan naka mondai,
taihen natta no sembu wasurete shimaimashita. Arigato gozaimasu.

Mano san, Watashi song no ho kangaete wakatta gurai
ni song no imi awasete painting mo yatta kedo colouring
chanto yatte nai. Watashi click pens de kirei ni colouring
Jyosu hito jyanai kara sono mama black pen de out line
dake yatta.

Mano san no Otanjobi (Birthday) nangatsu nannichi
desuka? wakaritai desu. Mano san wa Menkai dekireba
aitai, hanashitai, mitai desu. Shoganai. Samishi desu.
Ippai aishite imasu. Watashi Mano san isogashi mo wakarimasu
kara atode kaki masu. Kiyotsukete kudasai.

♡ Yours Wishma ♡

この手紙には、私の歌ハガキを参考にしたペン画と、「何度でも乾杯」のフレーズが漢字とひらがなで書いてあった。

私はこの手紙を何度も読み返した。

　ウィシュマは歌の作者である私の思いを軽々と超えて、より深く広く、この歌の意味をつかんでくれた。

　過酷な体験を学びに変えたウィシュマの聡明さ！

　彼女の言葉は、まるで思想家のようだ。やはり彼女は天性の教育者なのだ！

　しかし、熱が出たまま個室で３日間を過ごすなんて、どれほどつらく不安だったろうか。

　数日後、次のような文章が、はがきで届いた。

────────

マノさんへ

　私、昨日（2021. 01. 12）あなたに手紙を書いたけれど、郵便番号間違えたから、戻ってきた。

　私、色塗りもした、いっぱい描いた。今、コロナだから、手紙はロッカーの中にあります。コロナの中だから、たくさん書きました。本当に私バカです。120円の切手も終わり。マノさん、本当に会いたい、話したい、見たいです。どこにいますか？　あなたが入管に来る日付は早くこないから、時間も長ーーいです。待っている…待っている…待っている…だけです。ここの中では時間は早く動きません。時計

Mano san;

2021. 01.13

Watashi kino (2021.01.12) anata ni tegami kaita kedo; watashi yubin bango machigaeta kara Modotte kita. watashi painting mo yatta. ippai kaita. ima corona dakara tegami locker no naka arimasu. kokoro no naka aru no takusan kakimashita. Honto ni watashi baka desu. 120 yen no kitte mo owari. Mano san hontoni aitai, hanashitai, mitai desu. Doko ni imasu ka? Anata niyukan kuru hitsukei wa hayaku konai kara jikan mo nagaaa…i desu. mate iru…matte iru… matte iru…. dake desu. kokonaka jikan wa hayaku ugokimasen. Tokei kowarete aru mitai. jikan mite moikkai tokei miru toki gofun dake ugokimasu. Samishi desu. Watashi uta no imi mo oshiete moraimashita. kono sembu tegami de kaita demo sannen desu. "seme no sanka" no tsuite ippai kaita. Mano san watashi matte imasu……

To:- Ever loving Mano जी From:- wishma

が壊れているみたい。時間見て、もう1回時計を見ると、5分だけ動きます。

　寂しいです。私、歌の意味も教えてもらいました。これをぜんぶ手紙で書いたけど、残念です。『生命の讃歌』についていっぱい書いた。マノさん、私待っています…。

　　ウィシュマより

――――――――

　居ても立ってもいられなくなった私は、1月14日に松井さんと入管で合流し、面会受付に急いだ。

　ウィシュマは憔悴していたが、私たちと会えてとても嬉しそうだった。体調のことから仮放免の手続き、好きな食べ物のことまで、いろんな話をした。

　「『生命の讃歌』のCDありますか？」とウィシュマが言うので、私は「もちろんあるよ！」と答えた。

　すると、「ほしいけど、ここにはCDデッキがないからダメ…」とウィシュマ。

　「じゃあ、ライブやります！」と私。

　その場で私は『生命の讃歌』をウィシュマに歌ってあげることにした。

　この曲にはいくつかのバージョンがあり、しっとりとしたバ

ラード調もあるのだが、私はあえてちょっと陽気なラテン風で、
軽く手拍子のリズムを刻みながらサビの部分から歌い出した。

　　うまれてきて　よかったね　もう一度乾杯！
　　生きていて　よかったね
　　何度でも　乾杯

面会室でアクリル板にピタッと近づいて歌う。
ウィシュマの瞳が輝いて、目が大きく開かれた。
なんて大きな目！
ウィシュマ、これは歴史に残る面会室ライブ！
私はもう、こみあげて仕方なかった。

　　人と人が出会うために　かくも長き道のり
　　石ころ　ぬかるみ　いばら道　すべて必要だった

　　うまれてきて　よかったね　もう一度乾杯！
　　生きていて　よかったね
　　何度でも　乾杯

わたしは 12.5kg ぐらい やせています

マノさんへ

　私のところに来てくださって本当にありがとうございました。あなたとたくさん話せた後は、本当に幸せです。私はあなたに作ってあげたいスリランカ料理のリストを作ってしまいましたよ。37品目の料理名が入っています。7品のインド料理もです。

　私はあなたと一緒に過ごすことを夢見ています。だってあなたから多くのことを学べるからです。（「50円ください」みたいな言葉）　私は聞いて驚きました。なぜ救急車が50円必要なの？　道路を運転しているときに？　でも私の日本語の先生は、お金を求めているのではなく「ご注意ください」というアナウンスなのだよと言いました。こういう感じの間違いなどをあなたから学ぶことができます。私

がそちらに行ったら、いろんなことの先生になってもらえ
ますね。私は裁縫も学びたいし、たくさんお手伝いできます。

　マノさん、お家の近くにお寺はありますか。私はお寺も
好きです。もしマノさんもお寺にお参りすることが好きな
ら、一緒に行きましょう。私はまだ寿司や刺し身を食べた
ことがありません。私は寿司や刺し身を食べてみたいと思っ
ています。
　マノさん、あなたは服と小物やジュエリーの合わせ方が
お上手です。濃紺のブラウスとブルーのアイスキャップに
黒のオーバーコート姿でしたね。あなたが身に付けていた
ブルーのイヤリングと白いブレスレットがよく服とマッチ
していました。私はあなたの色づかいをマネしたいです。
実際、アーティストは多くのことを他の人よりすてきにや
ることができます。だから、私はアーティストは他のプロ
フェッショナルな人たちよりも、もっと幸せな人生を生き
られると思うのです。

　マノさん、私は歯医者に受診に行ったとき、入管の近く
の安いカレーの店を見つけました。その店では、ライス1
gが1円で、カレーは無料なのです。驚きです。もしライ
ス400gを食べるなら、ただ400円を払うのです。カレーの

分は払わなくてもいいのです。安くて、ごはんを無駄にしないすてきな考えです。私は日本人が食べ物を無駄にしない良い習慣を見ました。実は、入管の中ではその良い習慣を行うことが難しい。なぜなら、いくつかのごはんは食べられないし、私の健康状態にとって、バランスがよくないのです。食べ物を無駄にするのは本当に申し訳ないけれど、入管の食事は食べることができません。

　今日、私は英語で書きました。少しでも早く書きたかったからです。
　私は入管から出る日を数えています。私はあなたが教えてくれた通りに、いつも自分の健康を考えています。私のことをここまで考えてくださって本当にありがとうございます。私はあなたのように美しい人に会わせてもらえたことを神に感謝します。
　また手紙を書きます。私はあなたのことが大好きですと言いたいです。

　愛を込めて
　ウィシュマより

———

Dear Mano san ;

Thank you very much for comming to visit me and I was so happy after talking to you a lot. I have already made a list of Sri Lankan food to make for you. I wrote 37 food names in it. And 7 Indian foods too.

I am dreaming to stay with you together. Because I know I can learn many things from you. ("50 yen kudasai" mitai kotoba) I was wounderful to hear, why this and Ambulance needs 50 yen when they drive on the road. But my teacher said that was not asking for money. It is an announcement of "be careful". This type of mistakes I can learn from you. After I come there You will be my teacher for every thing. I like to learn sewing clothes too. Then I can help you much.

Mano san, Is there a temple (otera) near your house. I like otera too. If Mano san likes to go to temples I will also come with you. I have never tried of eating sushi and sashimi before. I feel, I need to try on sushi and sashimi too.

Mano san, you are good af matching clothes with ornaments and jwelleries. You were wearing blue colour blouse and blue ice cap with

black over coat. For these colours you wore
blue earings and white bracelate. Well matching
clothes and jwelleries. I can copy your way ~~to~~ of
matching colours. Actually artist can do many
things nicely than others. As I think
artist can live a happy life more than
other proffessionals.

　　　　Mano san; I saw a curry shop near
immigration when I go to consult dentist,
on the way. In that curry shop they sell
rice 1gram = 1yen and curry free. It was
amazing ~~to~~ see that shop. If we need
~~to eat~~ 400 gram of rice, It's only 400 yen
to pay. no need to pay for curry. So cheap
and nice idea of not to waste rice too.
I saw Japanese people are having good
habit of eating all the food that they get
and not of wasting food. Actually inside the
immigration I ~~too~~ feel very difficult of
following that good habit, because some of
food are difficult to eat and some of them are
not in balance according to my health condition
and taste to. I am so sorry of wasting
food that I could not eat inside the immigration.

　　　　This time I wrote to you in English
because I wanted to write to you ~~little bit~~ in
little bit. speed.

I am counting days to come out from immigration and be careful from corona outside. I am also thinking about my health condition as you told. Thank you very much for thinking about me this much and I want to thank god too to have such a beautiful person like you.

I will write to you again later and I want to say that, I love you so much.

Yours loving
Wishma
luv.

　私が歌を歌ったことに対するお礼のような手紙がウィシュマから来た。

　私の服装やアクセサリーなどもよく見ている。絵を描くので色彩センスがあるし、もともとおしゃれには人一倍、敏感な女性なのだ。それが、入管では差し入れの服しか着られず、真冬なのにシャワーだけで体の芯から冷え切っていただろう。血流も悪くなり肌も髪もカサカサになって乾燥していた。

　入管の食事はバランスが悪くて食べられない、と訴えてもいる。それは当然だろう。ウィシュマはスリランカ料理が得意で、私のためにたくさんのレシピを考えてくれていた。母国ではス

リランカに自生する多様なハーブやアーユルヴェーダの薬草を
使って、日常の食事を大切に整えていたに違いないのだ。
　その苦痛をさらに訴えたかったのか、もう1通、ひらがなで
書いた手紙も添えられていた

————

　まのさん
　わたしは 12.5 kg ぐらい やせています。
　ほんとう に いま たべたいです。
　テレビ で いろいろ たべもの を
　みせる とき たいへん です。
　chocolate cake たべたい です。

　まのさん の はたけ の なか
　たくさん じゃがいもう を plant
　したいです。スリランカ たべもの
　つくる とき じゃがいもう を
　いっぱい ほしい です。

　わたし きたら いっしょに
　たくさん りょうりを

つくって たべましょう...

Wishma

2021/01/18

やの さんへ →

わたし 12.5kg ぐらい やせて います。
ほんとう に いま たべたい です。
テレビ で いろ いろ たべもの を
みせる とき たいへん です。
chocolate cake たべたい です。

やの さんの はたけ の なか
たくさん じゃがいもう を plant
したい です。スリランガ たべもの
つくる とき じゃがいもう を
いっぱい ほしい です。

わたし きたら いっしょに
たくさん りょうり を
つくって たべましょう ....

Wishma
2021/01/13

わたしの paintings すてないでね

　１月20日の午前、私はウィシュマとの３回目の面会に駆けつけた。体調がかなり悪化してきていると松井さんから聞かされていたからだ。

　ウィシュマは「のどに髪の毛が絡まっているような感じがある」「前よりも髪の毛が抜ける」などと訴えた。

　名古屋入管には診察室があり、非常勤の医師や看護師が所属していた。ただし、内科の医師は週２日、午後２時間だけの診療。もう一人の整形外科医は月に１回来るだけという体制だった。

　面会のたびに弱り切っていくウィシュマの姿！

　いったい入管は何をしているんだ！！

　私はその日の午後、入管の処遇部門に電話で、

　「ウィシュマさんはもう飲み食いもできないほどになっている。どんな治療をしているんですか」

　と問い合わせた。

私は以前、小さなデイサービスで介護の仕事をしていたから、お年寄りと同じように弱っていくウィシュマに、せめて点滴を打つなどの処置が必要なことはわかっていた。

　あるいは、単なる水ではなく、脱水症状に効く経口補水液（OS-1）は用意されているのだろうか……。

「もう点滴は打ちましたか？」
　電話口の処遇担当にこう尋ねたが、担当は直接答えず、
「あなたが本当に（ウィシュマとの面会に来ている）眞野さんかどうかわからない」
「個人情報はお答えできない」
などとはぐらかした。
　私はカッとなって、
「なして、そげな言い方ばすっとですか？　面会したからこそ言よっとでしょもん！」
と、いきなり九州弁になってしまった。もともと生まれが福岡・筑後なので、感情が高ぶったとき、お国言葉にスイッチするとクールダウンできるのだ。このやり取りは鮮明に覚えている。
　結局、担当は「電話では話せない」の一点張りで、らちが明かなかった。この日から私の中で処遇部門をはじめとする入管との本格的な闘いが始まったと言える。

一方で、私とウィシュマとの手紙を通じた心の交流は深まっていった。ウィシュマがひらがなで手紙を書いてくれたから、私もお返しにスリランカの母国語であるシンハラ語を調べ、「こんにちは」などの簡単な言葉を書いてウィシュマに送っていた。

　「シンハラ文字は難しい。いったいどこから書き始めるの？」

　そんな問い掛けへの返事が、ウィシュマから、またひらがなの手紙で届いた。

————

まの さん

　あなた かいた の てがみ みた。わたし うれしい なりました。シンハラ ご がんばって かいて あった。きれいです。

　（シンハラ語の書き順などの説明）

　わたし かいた みたい の シンハラ letters sounds（＊母音や子音などを表す記号のこと）60 あります。シンハラ ご の アルファベット の なか letters 60 あります から たぶん むずかしい に なります。わたし きたら いっしょに やりましょう。まの さん ふたり で がんばって いろいろ できますね...

まの さん きもの（kimono）Japanese traditional dress すき ですか。わたし 1 かい も きもの を dress して ない。いっしょに きもの を dressing して、2人 で しゃしん（photo）を やりたい です。なに が おまつり とき わたし みち で みた にほんじん おんな たち みんな きれい に きもの を やって あるいて いました。あたまの かみ の うえ には な も やって いました。

いち ばん きれい に white, red, gold colour mixed きもの を きれい に みました。あかい、しろい、きん いろ まぜ て ある きもの を わたし も すき です。まの さん の おたん じょうび の とき 11 がつ 23 にち（on your birthday）きも の を いっしょに して いる みたい です。できればね...

Poems writing わたし に むずかしい みたい です。じかん かかります から あとで かきます。でも いっしょに poems singing すき です。なん ど でも かんぱい... この うた う たって いる きこえた（きました とき）ありがとう まの さ ん... きれい です。Voice きれい に きこえた です。chotto だけ でも きれい です。まの さん と いっしょに guitar も playing しながら poem singing できるね...

まの さん の いろ いろ しごと を てつだって おわったら つかれて いない とき おちゃ と いっしょに guitar も play やりながら singing やりましょう…(Tea party mitai narimasu)

ほんとうに まの さん と いっしょ に いろ いろ やる と おもって いる とき も こころ いたい おわり に なります。 まの さん ありがとう ございます。

わたし え かいた。 2 まい かいた。 Peacock（クジャク） と kimono（着物）やって いる の おんな です。 わたし の paintings すてないでね… まの さん… わたし きたら みる できるね… いろ いろ まちがえた ところ を おしえて くれて おねがい します。

まの さん げんき に して ください。ippai あい してる。I want to see you healthy and happy. I wish you to be happy every time. あとで poems try shite かきます。てがみ も かきます。

Yours loving-
Wishma Sandamali

（※原文の「がいた＝書いた」「きものう＝着物」など明らかな
間違いは修正しました。以下、ひらがなの手紙は同様です）

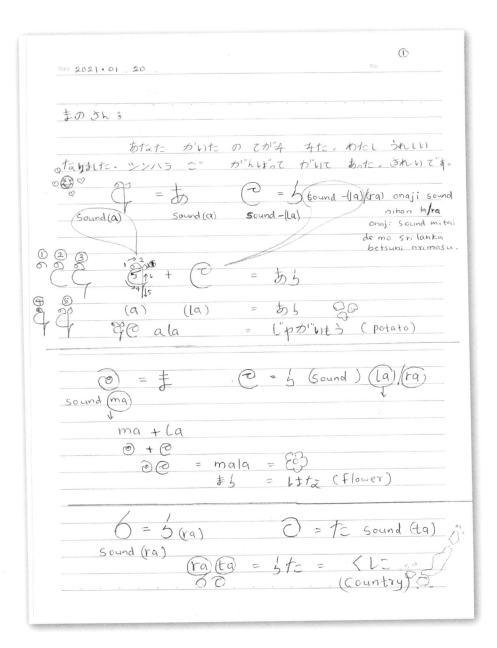

Date 2021・01．20　　　　　　　　　　　　　　No.

まの さんぅ

　　　あなた　かいた　の　てがみ　みた。わたし　うれしい
なりました。ツンハラ　ご゛　がんばって　かいて　あった。きれいです。

♡🌏♡

$\mathcal{Q}$ = あ　　　　　$\mathbb{C}$ = ら ⓢound -(la) (ra) onaji sound
Sound (a)　　Sound (a)　　sound -(La)　　nihon **la/ra**
　　　　　　　　　　　　　　　　　　onaji sound mitai
　　　　　　　　　　　　　　　　　de mo sri lanka
　　　　　　　　　　　　　　　　　betsuni arimasu.

① ② ③　　　　　　　1→2
　　　　　　　　　　　5↑6　+　$\mathbb{C}$　　=　あら
　　　　　　　　　　　4 ↓5

④ ⑤　　(a)　(la)　=　あら 🌸
　　　　$\mathcal{Q}\mathbb{C}$ ala　=　じゃがいも゛ぅ (potato)

$\textcircled{ⓜ}$ = ま　　　　$\mathbb{C}$ = ら (sound) (la) (ra)
sound (ma)　　　　　　　　　　　　　↓

　　ma + La
　　$\textcircled{ⓜ}$ + $\mathbb{C}$
　　　$\textcircled{ⓜ}\mathbb{C}$　= mala = 🌼
　　　　　まら　= はな (flower)

6 = ら (ra)　　　　　$○$ = た sound (ta)
sound (ra)

　　　　(ra)(ta) = らた = くに
　　　　 6 $○$　　　　　(country)

わたし がいた みたい の ツンハラ letters
Sounds 60 ：あります。ツンハラ ご の Alphabet
の なか letters 60 あります から たふ゛ん
むすかしい に なります。わたし きたち いっしょ やりましょう
まの さん。ふたり て゛ か゛んは゛って いろ いろ て゛きますね。。。。

まの さん きものう (Kimono) Japanese traditional dress
に すき ですか。わたし 1っかい も きものう を dress
して ない。いっしょうに きものう を dressing して 2人 て゛
しゃしん (photo) を やりたい です。なに か゛ おまつり
とき わたし まち て゛ みた にほん じん おんな たち
みんな きれい に きものう を やって あるいて いました。
あたまの か゛み の うえ に はな も やって いました。🌸🌸🌸

いち は゛ん きれい に white, red, gold colour mixed
きものう を きれい に みました。あかい,しろい,きん いろ
まぜて ある きものう を わたし も すき です。まの さん の
おたんじょうひ゛ の とき 11 か゛つ 23 にち (on your birthday)
きものう を いっしょうに して いる みたい です。て゛きれはね...

Poems writing わたし に むっかしい みたい です。
じかん かか゛ります から あとて かさ゛ます。て゛も いっしょうに
poems singing すき です。たん と゛も て゛も か゛んは゛い。。。。
kor この うた うたって いる きこえた。(きました とき)。
ありか゛とう まの さん... きれい です。Voice
きれい に きこえた です。chotto た゛け て゛も きれい です。
まの さん と いっしょう に guitar を playing
しなか゛ら poem singing て゛きるね。。。。。

まの さん の いろ いろ しごと を てつだって
おわったら つかれて いない とき おちゃあ と
いっしょに guitar なを も play やりながら singing
やりましょう 。。。 (Tea party mitai narimasu)

　　　ほんとう に まの さん と いっしょ に
いろ いろ やる と おもって いる とき も こころ
いたい おわり に なります。まの さん ありがとう
ございます。

　　　わたし え かいた。2まい かいた。
Pe-cock と kimono やって いる の おんな です。
わたし の paintings すてないでね 。。。 まの さん 。。。
ば わたし またら みる できるね 。。。 いろ いろ
まちがえた ところ を おしえて くれて おねがい
します。
　　　まの さん げんき に して ください。
ippai ありしてる。 I want to see you healthy
and happy. I wish you to be happy every time.
あとで poems try shite かきます。 てがみ も かきます。

　　　　　　　　　　Yours loving —
　　　　　　　　　　Wishma Sandamali

現実のウィシュマは、日に日に衰弱していった。20日の面会で、入管の看護師からは適度な運動や胃のマッサージをすることと、ごはんを少しずつ食べるように言われているとウィシュマは打ち明けた。薬ももらっているが、なかなか飲めないとも言っていた。

　一方、松井さんは入管担当者から「ウィシュマが薬を飲むことや受診を拒否している」と告げられていた。DV加害者から薬を無理に飲まされた恐怖からそうしていると松井さんは思ったようだ。だから、「眞野さんからウィシュマに、ちゃんと受診をして、薬を飲むように手紙を書いて」と私に言った。

　そこで私は、ウィシュマに宛てて以下のような手紙（実際は英文）を１月20日と21日に出した。

———

　こんにちは　ウィシュマさん
　おてがみ　ありがとう。
　体重が12kgも減ったのですか。
　食べたものをぜんぶ吐いてしまったなんて!!
　マツイさんが言ってましたが、あなたはきっと深刻な病

気だと思うよ!!

　ちゃんと病院に行ってください!

　すぐに行くべきだよ!!

　そうでないと、ひどくなるよ。

　なんの病気か、検査してください。

　もし病院に行かないなら、私のうちに来ることできませんよ。

　なぜなら、私は医者でもないし、看護師でもないのですから。

　2021.1.20

　まのあけみ

——

　私は心を鬼にして、やや強い調子でとにかく薬を飲み、受診するよう迫った。これに対して、ウィシュマから届いたのが以下の手紙だ。

——

Dear mano さん

　わたし まだ げんき ない けど、ち（blood test）テスト

いろ いろ やる と にゅうかん いわれた。わたし がんばって くすり も のみます。

　テスト おわったら なにが わるい なったら そと びょういんも たぶん つれていく よてい が あります。

　わたし しぬ こわい から くすり のみます。あなた いないと わたし に あと だれ も ないです。

　まの さん と いっしょに いろ いろ やりたい の は いっぱい ある から わたし も げんき ほしい です。にゅうかん のなか に そと びょういん の doctor さん くる と いわれた。げつようび に doctor さん ここ に くる から heart test、ぜんぶ application かいた から あした ぜんぶ やって あげると いわれた。

　また いっぱい げんき に なったら わたし いま げんき です と かきます。まの さん げんき に して ください。ここ なか いる の nurse さん の かお chotto くらい まの さん の かお みたい です。nurse さん も あなた おなじ やさしい です。わたし わすれないで ください... わたし さみしい です。

Yours
Wishma

Dear mano ふぅ

　　　　わたし まだ げんき ない けぞう、
ちい (blood test) テスト いろ いろ やる と にゆがん
いわれた。 わたし がんばって くすり も のみます。
テスト おわったら なにが わるい なったら そとう
びょういん も たぶん つれていく よてい が あります。
わたし しぬ こわい から くすり のみます。 あなた
いない と わたし に あと だれ も ないです。
まの ふん と ~~いっ~~ いっしょに いろ いろ やりたい
の は いっぱい ある がら わたし も げんき
ほしい です。 にゆがん の なか に そと びょういん
の doctor ふん くる と いわれた。 げつようで に
doctor ふん ここ に くる がら heart test, ~~blood~~
~~test~~ せんぶ application かいた がら あした せんぶ
やって あける と いわれた。

　　　　また いっぱい げんき に なったら
わたし いま げんき です と かきます。 まの ふん
げんき に して くたさい。 ここ なが いる の nurse
ふん も の がお chotto くらい まの ふん の がお
みたい です。 nurse ふん も あなた おなじ やさしい です。
わたし が わすれないて くたさい 。。。。 わたし さみしい です。

　　　　　　　　　　　　　　　　Yours
　　　　　　　　　　　　　　　　Wishma

この手紙は1月24日日曜日付けで、実際に翌日の25日月曜日には入管の医師の血液検査を受けたようだ。

　27日水曜日に面会した松井さんによれば、ウィシュマは心電図、肺のレントゲンや尿検査なども受けて、28日木曜日には結果が出ると医師から言われたらしい。

　どうして、そんなご丁寧なフルコースの検査を？

　その前に点滴だろうに、なぜ?!

　飲み食いもできず、戻してしまうのに、脱水状態なのに、医者がなぜ点滴をしないのか。ウィシュマの顔をちゃんと見ていたのだろうか！

　まともにウィシュマと向き合っていたら脱水症状であることぐらい見て取れるし、言葉を交わせばろれつの回らなさがわかるはず。

　私は常識的な治療を受けさせない入管に不信と怒りを募らせた。

わたし の びょうき ぜんぶ おわりに して

まの さん

　げんき ですか まの さん。わたし いま すこし だけ びょうき あし いたい だけ あります。パン たべる できます。おゆ、tea、コーヒー うすくして のみます。Blood テスト（＊血液検査）と chest テスト（＊胸部検査）も やりました。まだ Report もらってない。わたし stress に いる みたい いわれた から たぶん テスト OK に なる と くすり いらない と いわれた。いま たべる も できる から だいじょうぶ だと おもいます。

　わたし ゆめ も あった です。わたし と まの さん と M さん あと ゆめ の なか たんとう さん ふたり も いました。みんな McDonald の なか 100えん chicken chrispy bun たべた。100えん チキン パン おいしいです。わたし そと いる とき

いつも 100えん チキン パン と Sサイズ ポテトチップス た
べます。ゆめ は にゅうかん の なか いる みたい の Mcド
ナルド みたい に みた。かお ぜんぶ はっきり みて ない です。
でも わたし あさ ゆめ と いっしょ に げんき に おきました。

　まの さん、テレビ で wildlife ばんぐみ（＊自然番組）げつ
ようび 8:00 pm に あります。ワイルドライフ で どうぶつ
の せいかつ みせる。うみ の なか さかな の せいかつ みせ
る とき わたし すき です。わたし うみ の なか で およぐ し
て いる みたい に なります。でも わたし ぜんぜん およぐ
できません。まの さん およぐ こと が できますか。わたし
うみ と かわ が こわい です。みる だけ すき です。
　まの さん、わたし の びょうき ぜんぶ おわり に して ちゃ
んと テスト も やって くすり も もらって ここ で びょうき
おわり に する ように がんばって げんき に まのさん の う
ち に きます。まの さん に もんだい あげたくない から わ
たし も しんぱい です。あとで わたし poem かき ます。ま
だ かいて ない です。きょう わたし ともだち と いっしょ
に ちょっと ぐらい かみ カット します。まの さん に また
かきます。げんき に してください。いっぱい たべてね...
Love you So...much.... Be careful and God bless you...

♡♡♡♡♡
まの さんぅ♡
♡♡♡

げんき ですか まの さん。 わたし いま すこし
だけ びょうき。 あし いたい だけ あります。 パン たべる できます。
おゆう、tea、コーヒー うすくして のみます。 Blood テスト と chest
テスト も やりました。 まだ Reports もらって ない。 わたし
Stress に いる みたい いわれた から たふん テスト
OK に なる と くすり いらない と いわれた。 いも たべる
も できる から だいじょうぶ。 だとう おもいます。

わたし ゆめい も あった です。 わたし と
もの さん と まつい さん あと ゆめい の なか たんとう さん
ふたり きも いました。 みんな Mc.Donald ゆ の なか 100¥
chicken chrispy bun たべた。 100¥ チキン バン おいしい です。
わたし そと いる とき いつも 100¥ チキン バン と 5 サイズ ポテト₋パス
たべます。 ゆめい は にゆがん の なか いる みたい の
Mc.ドナルド   みたいに みた。 かお せんぶ はっきり みて
ない です。 でも わたし あさ ゆめい と いるよう に げんきに
おきました。

まの さん、テレレ で wildlife
ばんぐみ けつようび 8:00 p.m に
あります。ワイルドライフ で どうぶつ
の せいかつ させる。うち の なか
さかな の せいかつ させる とき
わたし すき です。わたし うち の なか で
およぐして いる みたい に なります。でも わたし に
ぜんぜん およぐ できません。まの さん に およぐ ことが でき
ますか。わたし うち と かわ が こわい です。みる だけ
すき です。

まの さん、わたしの びょうき せんい おわりに して biphy テスト も
やって くれり もらって ここで びょうき おわりに する ように がんばって けんるに
まのさん の うち に きます。まの さん に もんだ あげたくない から わたし
しんぱい です。あとで わたし poems かきます。まだ かいて ないです。きょう
わたし ともだち と いっしょに ちょっとう ぐらい うみ アシト します。まの さん に
また かきます。げんき に してください。いっぱい たべてね... Love you so...
much.... be careful and god bless you...

yours ;
Wishma ...

Yours;
Wishma

————

　この手紙にある通り、こんな状態なのに医者は「ストレスだ」と言っていたようだ。

　食べたいけれど食べられず、ハンバーガーの夢を見るような女性をなぜストレスということだけで済ませられるのだろうか。

　もちろんストレスも大変なものだったはず。しかし、意識が混濁するほど危険な状態であることは、素人にだってさえわかるものではないだろうか？

　この手紙の日付の翌28日夜、ウィシュマは松井さんのもとに電話を入れ、こう訴えたという。

　「吐いて、血が混じっていた。死にそう」

　一夜明けて面会に駆けつけた松井さんによれば、入管は検査結果について「問題ない」と判断。嘔吐・吐血したウィシュマに対し、職員は「迷惑だから」単独房に移すと告げた。

　ウィシュマはめまいや動悸がして、手足はしびれ、下半身が重くて動かないと訴えた。にもかかわらず、入管は予告通り、31日からウィシュマを単独房に移した

「手紙」　2021年2月2日

わたしぜんぜん大丈夫じゃない

マノさんへ

　わたしぜんぜん大丈夫じゃないです。この2週間、大丈夫でないです。食べることも飲むこともできません。ぜんぶ体がしびれている。職員たちはストレスだと言います。彼らは私を病院に連れて行こうとしません。私は彼らに監禁されているからです。私は回復したい。でも、どうやって？　わかりません。どうか、回復するために助けてください。

　私は食べなきゃいけないのに食べられない。すべての食物や水も吐いてしまう。どうしていいかわからない。今すぐに私を助けてください。私はあなたに迷惑をかけたくない。でも、私は大丈夫じゃない。あなたに話すこともためらったけれど、あなた以外にケアしてくれる人はいないから。

Dear Mano san;

Watashi zen zen daijobu janai desu.
I am not okay during last 2 weeks. I
can't eat and drink. sembu karada
shibirete iru. They are telling me that I
am in stress. These people don't take
me to the hospital. Because I am in
custody of them. I need to recover
but I don't know How to do it?
Please help me to recover.

I need to eat. but I can't
eat. all the food and water
vomitting out. I don't know what
to do. Please help me at the moment.
I don't want to give you trouble.
But I am not okay. I was upset
to tell you but I told you because
no other anyone forme to care about
me.

Yours
Wshma.

Yours,
　ウィシュマ

────────

　この手紙が届くのと入れ替わりに、私は2月3日、松井さんと入管で合流し、面会受付へと急いだ。

　ウィシュマは、車いすで面会室に現れた。すぐに吐き気におそわれるため、青いバケツを抱えさせられていた。まさか、こんな姿の人間を面会に来た支援者が見せられるなんて!?

　手紙にある通り、とにかく食べてもすぐ吐いてしまう、薬も水も戻してしまうという。面会中にも吐きそうになり、口を押さえて我慢していたため、面会どころではなくなった。

　私は2日後の2月5日、再び松井さんとともに入管を訪れ、面会室で待機したが、ウィシュマはいつまで経っても現れない。不吉な予感が走り、私は看守らが詰めるカウンターに駆け込んで叫んだ。

　「ウィシュマさん、出てこないよ!　何かあったんじゃないんですか!?」

　看守はイスから立ち上がり、動き出したが、私が面会室に戻ると乱暴にドアが開き、「今日は面会できません!」と言い放ってまたドアを乱暴に閉めた。

実は、このときの女性看守が日頃からウィシュマをいじめては楽しんでいたと、後に判明するのだ。

　この日、午後は松井さんに別件があったため、初めて私が一人で入管に乗り込み、処遇と審判部門、そして総務課へ抗議に行った。ウィシュマの身に何が起こったのか、怒りと不安で胸をバクバクさせながら。

　処遇は、収容された人たちの健康や医療、食事や衛生を統括している。しかし、なぜかまるで機動隊のような服装で、決して話しやすい雰囲気ではない。

　4階の廊下の突き当り、処遇のドアのブザーを鳴らす。しばらくして2人の男性担当者が出てきた。

「面会に行ったけど、ウィシュマさん出てこなかったよ。生きてるんですか!?」

　私がこう詰め寄ると、担当は笑いながら、

「生きてますよー。大丈夫ですって」と言った。

　カチンと来た私との間で、こんなやり取りになった。

「あなた、今日ウィシュマさんに会ったの？」

「ちゃんと監視カメラがありますから。見てますよ」

「どうだったの？」

　担当は笑って答えようとしない。

「ほら、見てないんじゃん！　あなたがもし病気で入院したら、監視カメラで見てもらっていればOKなんだね！　大村入

管（長崎県の大村入国管理センター）でも牛久入管でも監視カメラで死んでいくのを写してたよね。教訓としないんですか！」

「いやー、うちはよそとは違いますから。ぜんぜん違います」

「何が違うの？」

担当はまた笑って答えない。

点滴や経口補水液の使用についても聞いたが、まともに答えようとしない。ウィシュマの脱水症状がひどくなっていることを伝えると、「冬に脱水症？」といら立つような態度を見せた。

「そんなに心配なら月曜日に来て。元気になってるから」

担当はそう言って、私を追い出した。

あとになって知ったのだが、この日、ウィシュマは外部の病院で診療を受けていた。食道炎や胃潰瘍などの疑いで胃カメラをのんだが、目立った異常は見つからず、引き続き入管内での治療を指示されたという。

しかし、この診断は適切だったのか。既にウィシュマは胃だけでなく、全身の痛みを訴えていた。もっと総合的な診察、診療を受けるべきだったのではないか。

結局、入管の中では誰一人、ウィシュマの病気を本気で治そうとしなかった。

いや、それどころか、ウィシュマが病気であることすら疑っていた。

「詐病」。

　後に別の医師がカルテに書き込んだこの言葉を、入管職員は早くから頭に入れていたのだろう。ウィシュマは詐病に違いない。そうさせているのは支援者だ——、と。

　だとすれば、私に対する不審者を見るような職員の態度も合点がいった。そんな根深い闇が、次に届くウィシュマの手紙からも読み取れた。

私のことを考えてくれて、ありがとう

マノさんへ

　５日、金曜にマツイさんと来てくれましたか。本当にごめんなさい。体調が悪くて、話すことができませんでした。いつも大声で叫ぶ女性担当者がいて、「ウィシュマ、面会」と言います。いつも彼女は間違った情報や多くのウソを言う。私はその女性担当者を信じられないし、彼女の言うことを気にしていられません。本当にごめんなさい。本当に悲しいです。あなたの顔が見られなくて。私は病院に行って検査をしました。胃カメラを入れられ、正常ですとのことでしたが、私は大丈夫ではない。どうか怒らないでください。私のことを考えてくれて、ありがとう。私はマノさんが大好きです。

　　　　　　　　　　　　　　　　　　　　　　　ウィシュマ

Dear Mano san: 2020.02.8

Did you come on 5th of Friday with Matsui san? I am so sorry that I was unable to talk to you because of my bad health condition. There is a lady who is Shouting always and said you have menkai. Normaly she gives wrong informati on and telling lies a lot. I didn't belive that lady and I didn't care what she said. Normaly I don't care what she says. I am so sorry and I am so sad that I could not see your face. I went to hospital and did test. They put camera in my stomach and It was normal But I am not okay. please don't be angry with me. Thank you for thinking about me. I love you mano san.

                                  wishma.

この手紙はすべて英語だった。もう日本語で書ける状態ではなかったのだろう。

　ここで出てくる「大声で叫ぶ女性担当者」は、私たちに対しても乱暴な対応をしたあの女性看守だったに違いない。ウィシュマは日々、虐待を受けていたのだ。

　同時に、この看守は松井さんに「ウィシュマが服薬や受診を拒否している」とウソを言っていた。私たちは看守の言葉をうのみにして、ウィシュマにきつく諭してしまった。

　支援者までが、あなたを苦しめてしまった。それなのに、あなたはいつも私の健康を気づかい、たくさんの感謝と愛情を私に伝えてくれていた。

　本当にごめん、ウィシュマ——。

　そんな思いを私の方から伝えられる余裕もなく、この1通が、ウィシュマから私に届いた最後の手紙になった。

なぜ彼女は亡くなったのか？

　ウィシュマからの手紙は途絶えたが、私は2月9日、10日、17日、26日…とウィシュマに直接面会をしては、入管側に抗議することを繰り返した。

　処遇担当は当初、「OS-1（経口補水液）」が何なのか知らなかった。しかし、ウィシュマが水を飲めなくなり、OS-1なら飲めるとわかると、今度は症状が悪くなっても「経口補水液をあげているから大丈夫」と言い出した。

　だが、「OS-1も1日600mlしかもらえない」とウィシュマは松井さんとの面会で訴えた。「職員が私をトイレに行かせないため」と話していたという。

　やがて、OS-1も吐いてしまうようになった。ウィシュマは座位もとれず、歩けないのに職員から「リハビリだから歩け」と言われる。トイレに行こうとして倒れ、シンクに脇腹を打ち付けてしまった。しかし、職員を呼んでも助けてくれなかったという。何という冷酷無慈悲な現場なのか！

そして３月に入り、３日の水曜日。この日の朝はガクンと冷え込み、伊吹おろしが吹き渡っていた。

　今日は桃の節句……ウィシュマが来たら、ひな祭りのささやかなイベントをやってあげよう。女の子の健康と幸せを祈願する古来の行事だよと教えてあげ、つるしびな、土びな、紙びなを一緒に作って飾る。着物も着てもらい、一緒に写真を撮ろう！　楽しみにしていたのに！……

　私はそんな思いをいっぱい募らせて、電車を乗り継ぎ、名古屋入管へと急いだ。

　車いすを押されて面会室に入ってきたウィシュマは、目を開けているのがやっと。口もポカンと開いて、鼻呼吸が間に合わなくて口呼吸になっている。

　──生きながらにしてミイラにされてしまった！

　その姿は直視に耐えられなかった。何か言おうとしても言葉すら聞き取れず、私はウィシュマを見つめてうなずくばかり。

　しかし、ウィシュマは突然、指が曲がり硬直した両手を差し伸ばし、私に向かってこう訴えた。

　「私をここから連れて行って……」

　これが、私とウィシュマとの最後の会話となった。

面会後、私は処遇部門に「このままでは死んでしまう。すぐに入院させて点滴を打って！」と強く申し入れた。それでも、職員は「医師の診断に基づいて対応している」などと答えるのみだった。

　５日・金曜日は職員がウィシュマに声を掛けたが、「『動けない』と言っている」として面会がまた中止になった。松井さんからの差し入れを受け取る意思は示したという。
　そして６日土曜日の午後。入管に１台の救急車が駆け付けた。
　すでに脈の取れないウィシュマを、病院に緊急搬送したのだった。
　午後３時25分、ウィシュマの死亡が確認された。
　一人の聡明なスリランカ人女性は、家族にも会えないまま、異国の地で旅立ったのだ……。

　私が彼女の死を知ったのは、翌３月７日の朝だった。
　知人から「『名古屋入管でスリランカ女性死亡』とニュースで流れている」と連絡があり、まさか！とネットを探ってみると、確かにウィシュマが６日に亡くなったと書いてある──。
　動揺しながら、まず松井さんに連絡をした。なんと、松井さんもウィシュマの死を知らなかった。
　私たち支援者に入管が知らせるはずもない。私は現実感のな

いまま、思い浮かぶ数人に電話やメールを送った。でも、まだ頭が納得していない。

　ウィシュマ……ウィシュマ……と私はリビングとキッチンを意味もなくただウロウロと歩き回った。2階から降りてきたウガンダ人のウイリアムスに「ウィシュマが死んだよー」というと、ダーッと涙があふれ、彼にとりすがって泣いた。

　しかし、悲しんでばかりいても仕方ない。明日、支援者が入管に集まって抗議に行くことは決まった。

　翌朝、私はウィシュマへの哀悼と入管への怒りを込め、以下のような言葉のプラカードを作った。

　　Sriranka woman

　　Wishma died in Nagoya

　　Immigration on 6. 3. 2021

　　We love Wishma !

　　Why she died ?

　　Why no one helped her

　　Why

（スリランカ女性のウィシュマは2021年6月3日、名古屋入管で亡くなった。私たちはウィシュマを愛していた！　なぜ彼女は亡くなったのか？　なぜ誰も彼女を助けてあげられなかったのか？　なぜ……）

私は、ウィリアムスには何くれと相談してきたし、毎回ベストアンサーをくれる。

　「ねえ、入管に行ったら、私はまず何をしたらいい？」

　「まず審判部門でベルを２回鳴らして、大きな声で担当者を呼ぼう…」

　私は彼の言葉を反芻(はんすう)しながら、再び冷えこむ曇り空の下を入管へ急いだ。

　松井さんや学生たちと合流し、まず３階の審判部門で２回ベルを鳴らし、カウンター越しに叫ぶ。

　「ウィシュマさんの仮放免の担当者、出てきてください！ウィシュマさんが死にました！出てきてください！」

　３階の審判部の待合室には数多くの仮放免者が静かに呼び出しを待っていた。私は彼らの方に向かい、フリップを胸にウィシュマの死を大きな声で知らせた。涙の流れるままに大声でしゃべった。

　やっと出てきた担当者らに言った。

　「なぜ仮放免を認めなかったのか！　あなたたちのせいでウィシュマは死んだ」

　私はウィシュマが仮放免されたら着てもらおうと思っていた服を掲げた。着物をリノベーションした服だ。

　「仮放免されてわが家に来たら、これを着てもらうはずだったのに！」

審判部門の職員たちは押し黙っていたが、しばらくすると私たちを個室に通した。血相を変えた私たちを前に、職員は一言。

「ウィシュマさんのご冥福をお祈りします」

　消え入るような小声だったので、私は、「もう一度言って」と聞き返し、こう問いただした。

「それは謝罪の言葉じゃないですよね。ウィシュマに適切な治療も受けさせず死なせてしまったことに、謝罪はしないのですか?」

　うつむく職員。

「どういう形で責任を取ってくれるのですか?」

　ひたすら押し黙る職員。

　私たちは続いて処遇部門と総務課も回って同じように訴えた。

　今まで横柄だった職員も、この日ばかりは神妙ではあった。中には「申し訳ない」と言ってくれる職員もいた。しかし、それが組織としての謝罪でないことは、その後の入管や法務省の対応で、あっさりと判明した。

ウィシュマのために作った着物をリノベーションした服

ウィシュマはここにいる

　仏教では、人は死後、四十九日までは現世にとどまっている
とされる。

　「ウィシュマは今、ここにいるんです」

　ウィシュマが着るはずだった服を掲げて、私は再度、職員に
迫った。そして、こう提案した。

　「せめて、線香や花束を供えられる場所を設けてもらえませ
んか」

　私が入管の庁舎内をぐるぐる回っている間、階段の踊り場で
女性職員が2人、抱き合いながら泣いている光景にも出くわし
た。

　ウィシュマの死がこれほど大きな波紋を広げ、心を痛めてい
る職員もいるのだ。私は職員の心のケアのためにも、入管内に
祭壇か献花台が必要だと考えた。

　3月9日、法務大臣の記者会見で記者からウィシュマの死に

関する質問が出て、大臣が調査する方針を示したことをニュースで知った。

その翌日以降、私は立て続けに入管の総務課を訪れ、献花台設置について職場の感触を尋ねてみた。

「前例がない」としか言わない女性職員に、「入管の中でも手を合わせたい人はいるはず。支援者に言われたからではなく、職員の中から提案してほしい。そう言えるのはあなたしかいない」などと説きつけた。

自主的には無理とのことだったので、用意していた自筆の申し入れ書を手渡し、この日は引き返した。

私は、ウィシュマと同時期に収容されたウガンダ人女性の面会も始めていた。そのウガンダ人女性もウィシュマと同様に痛み続ける歯と激しい頭痛の治療を放置されていた。

彼女への面会後、処遇の職員に「ウィシュマの死を教訓にしないのか」と詰め寄ると、「失礼なことを言うなら強制終了!!」と詰所内に逃げ込まれた。え……、態度が変わった。硬直化している。

一方、献花台についての進捗を聞こうと総務課に顔を出したときに、職員から、

「眞野さん、ちょっといい報告ができそう」

と言ってきた。

そのときは半信半疑でウガンダ人女性の面会に向かい、終

わってから入管を出た。夕方になると、職員から電話がかかってきてこう言われた。

「献花台、設置できそうです」明るい声だった。

私は思わず声を上げた。

「ありがとう！　頑張ってくれたね！」

設置期間は３月17日から３日間。場所は1階のロビーなどの目立つ場所ではなく、３階の事務フロア。

一般の人は誰も行かないような廊下の奥だという。

それでも、何もないよりは大きな前進だ。すでに上司たちが花を買うお金を出すことも決まったと言われ、私はひとまず「ありがとう」とお礼を伝えた。

17日、私は子ども支援の仲間と一緒に入管を訪れた。

３階の廊下の奥には、白い幕のかけられた小さな台が置かれていた。ウィシュマの遺影も名前も見当たらなかったが、小さなスリランカの国旗が台の上にあった。傍らには、思ったよりも豪華な花が５つほど飾られていた。

壁には「撮影禁止」の貼り紙。ここに献花台のできたことを告知していないとのことで、どれだけの人が訪れるかはわからない。

これで入管のやってきたことが帳消しになるわけではない。人としてあたり前のことをやってほしいだけ。私は自分たちで用意した花束を供え、手を合わせた。

ウィシュマ、ごめんね。

　ウィシュマ、あなたの命をムダにしないように生きていかな

きゃね……。

　ウィシュマ、ありがとう――。

ウィシュマの四十九日法要の祭壇（津島市 吉祥寺）

「ほんとうに私のお姉さんなの!?」

　献花台が設けられた翌日３月18日には、内外の支援者による抗議集会が名古屋入管前で開かれ、多数のメディアが詰めかけた。

　その中にナイジェリア人女性エリザベス・アルオリオ・オブエザさんがいた。彼女の集会でのアピールは圧倒的だった。自分自身が難民申請の当事者でありながら、全国の入管収容場に面会を続けている。まさにレジェンドのような女性だ。ウィシュマもエリザベスさんの面会を希望していたという。

　抗議集会の後、エリザベスさんはわが家を訪れ、ウィシュマのために一緒に泣いてくれた。その様子は後日、NHKの全国ニュースで放映され、そのころからマスコミ取材が殺到するようになった。

　米『ニューヨーク・タイムズ』の記者も熱心に取材してくれた。ウィシュマの死に世界が注目し始めたのだ。

　一方、無料塾は年度末を迎えていた。ウィシュマのことも

あって私はほとんど動けていなかったが、仲間のボランティアたちが一生懸命に子どもたちに向き合って、中学に進学するAちゃんの「送る会」を開けるところまでこぎ着けていた。

　3月20日の当日には、私もなんとかして顔を出せた。Aちゃんは素敵な服でおめかししていた。会の終わりに参加者に向かって自分で書いた御礼の言葉を述べる姿に、思わずこみ上げてしまい、うれし涙があふれた。

　これから彼女は、人生のさまざまな困難に直面するだろう。そんなとき、また私たちを頼って。「何度でも乾杯！」だ。

　5月1日、スリランカからウィシュマのご遺族が来日された。いくら待てども最愛の娘の死の真相が知らされず、母スリヤラタさんは床に臥してしまわれ、妹のワヨミさんとポールニマさん、そしてワヨミさんの夫も同行された。

　新型コロナウイルス感染症対策で2週間の待機が明けた5月16日、遺族は名古屋の斎場で変わり果てたウィシュマと対面した。

　関係者にうながされ、おそるおそる棺に近づいた妹2人は、

「ほんとうに私のお姉さんなの⁉」

「やせている！…こんなに！……」

と泣き崩れた。

　悲嘆に暮れる彼女たちだったが、私との初めての対面では、

「ジャパン・アンマ！」
と呼んでくれた。

　「アンマ」はスリランカ語で「お母さん」。つまり私のことを
ウィシュマの「日本のお母さん」として知っていたらしいのだ。

　私がウィシュマの手紙と絵を急ごしらえのリーフレットにし
たものを差し出すと、妹たちは声を上げて驚き、受け取った。

　「これはお姉さんですね！」

　表紙のウィシュマのイラストを、指先で愛おしそうになでる。
１枚１枚のページをそっとめくり、なつかしい姉の文字をな
ぞっていく。英文のページでは声を出して読み上げた。

　私はもう胸がつかえて、

　「お姉さんは本当にすばらしい女性でしたね……」
と言うのが精いっぱいだった。私たちは抱き合ったまま泣いた。

　ウィシュマの手紙を読み終えた妹たちに、私はこう語りかけ
た。

　「これは日本の古い着物でつくったドレスです。友達と一緒
に手で縫い上げました。お姉さんがわが家に来たら、これを着
て一緒に写真を撮るはずでした。よかったら、お姉さんの代わ
りにもらってください」

　妹たちは「キ・モ・ノ！」と声をはずませ、両手でその着物
をそっと抱えた。

　「ビューティフル！　お姉さんもソーイングが大好きでした。

とても上手でした」

　私もあらためてこの色鮮やかな銘仙の着物は、きっとウィシュマに似合っただろうと思った。そしてウィシュマの果たせなかった思いを、きっとこの妹たちが引き継いでくれるのだろうと……。

　この日の夜分遅く、東京のあるフリージャーナリストから電話が入った。

　「眞野さん、ウィシュマさんの遺骨は眞野さんの家の近くのお寺に納骨されましたよ！」

　実は名古屋での葬儀の後、ウィシュマの遺骨はスリランカ式の葬儀ができる岐阜県海津市の寺院で供養された。しかし、スリランカ仏教ではそもそも拾骨をしない。最終的に、遺骨はスリランカとの親交があった寺院が引き受けてくれることになったという。そのお寺とは、まさに私の地域にある明通寺というお寺だった。

　「ウィシュマさんは本当に眞野さんの家に帰って来たかったんですね。こういう不思議なことってあるんですよ」

　私はそれを聞いて泣いた。

　翌朝、私はさっそく明通寺へお参りに向かった。雨が降りしきる中、花を買って訪れた私を、坊守さんが優しく出迎えてくれた。

立派な本堂には、すでにウィシュマの遺骨がまつられていた。私は手を合わせ、「南無阿弥陀仏」と何度も唱えると、また涙がこぼれた。

　明通寺とは20年近く前、あるいじめ問題の講演会が開かれて参加したご縁があった。しかし当時、私は福岡に住んでいて、その後のお付き合いは途切れていた。

　私がそんな不義理な人間でなければ、ウィシュマのことを知ったときにこのお寺に相談し、一歩踏み込んで救えたかもしれなかったのだ。

　私がウィシュマを救えなかった悔いの念を語ると、坊守さんは、

「眞野さん、あなたは大きな課題を背負われたのですね。私たちも一緒に背負います」

と言ってくださった。私はまたひとしきり泣いた。

　ウィシュマ、ごめんね。本当に、ごめんね……。

抗議行動のシンボルとなった青いポリバケツを持って
（写真：林典子／フォトジャーナリスト）

おわりに

9月6日・月命日

　わが家は、いろいろな人に住み継いでもらう場所にしたくて
「下宿館」と名付けている。リビングには小さな手作りの祭壇
があり、ウィシュマの遺影が微笑んでいる。寂しくないように
家族の写真をガーランドにしてまわりに飾ってあるから、にぎ
やかで華やいだコーナーになっている。

　今日はウィシュマの月命日。朝、空き地で草花を摘む。アカ
マンマ、エノコログサ、ツユクサ、ヌスビトハギ、カヤツリグ
サ……。彼女に似合いそうな野の花たち。

　あの日から、もう半年が過ぎた。

　8月の終わりから「下宿館」に難民申請中の住人が仲間入り
した。ウィシュマと同時期に名古屋入管に収容されていたアフ
リカ人女性のマハラだ。彼女は実に3年間に及ぶ監禁を生き延
び、仮放免となった。

　収容中は口腔ケアもされず、奥歯のほとんどが抜け落ちたま
ま放置されていた。ろくにものを噛むこともできず、体重が17

キロも減ったという。仮放免となってから、まず歯医者さんに通わせた。無料塾の仲間が募金を集めてくれ当面の治療費も工面できた。しかし入管のネグレクトによるマハラの健康破壊は深刻だ。その影響は今も彼女の心身をさいなんでいる。

　先日、近所の方が自転車を下さることになり、マハラは顔を輝かせた。さっそくご近所さんが集まって自転車の教習が始まった。ちんぷんかんぷんの名古屋弁にマハラが英語で応える。そこに私の九州弁の激励がまじって、笑い声に包まれる。気がつくとウィシュマの存在が、生活の中にあたたかい絆を育ててくれている。

　ウィシュマの妹たちは来日以来、法務大臣や入管の心ない対応にさらされ続けている。一貫して不誠実な姿勢をとる日本政府に対し、姉の死の真相を知る権利を毅然として主張する遺族の姿に、私はウィシュマの意志を感じる。

　父親をなくしたあと家族を支え、明るく励ましてきた姉として、貧しい子どもたちに惜しみない愛情を注いだ教師として、自ら衣服を仕立て、絵を描き、音楽を愛したひとりの人間として、そして外国の言葉が大好きで向学心に燃えて来日した留学生として、そんな姉ウィシュマの存在は妹たちの誇りであり目標であっただろう。そんなウィシュマの尊厳を、私は取り戻したいと思うのだ。

もしウイシュマさんが仮放免されていたら
シェルターでの日々と新しい出発

イラスト：ゆっきー舎

「彼女が生きていけた社会をめざして」

　「下宿館」の住人さんの仮放免更新の日は、私も入管に同行する。もしも再収容になったら大騒ぎしなければならないから。

　「入管を刺激しないように。当事者に不利になるといけないから」とアドバイスをくださる方もいるけれど、いやいやこんな理不尽なこと、もうこれ以上私たち市民がだまっていちゃダメでしょ！　スリランカ人だったウィシュマ。「スリランカ」の意味は「光り輝く島」という。そんな光の島から夢いっぱいにやって来た彼女は、「わたしをここから連れて行って」という叫びを私に遺し、名古屋入管の闇に消えてしまった。33歳という若き女性の命が……。ウィシュマだけではない。母国に帰れない重い事情を抱えた多くの外国人が入管に収容されて亡くなってきた。それなのに、今だにそれが続いていることの異常さを、私たちはもう知ってしまったのだから。

　「彼女が生きていけた社会をめざして」

　東京で行われたウィシュマの死に抗議する集会で掲げられたフリップの言葉。集会に参加した男子高校生の書いたものという。ただ抗議したり反対したりすること以上にイメージが広がる言葉と思う。

　シニアの私にできることは、この「下宿館」を住人さんが安心して暮らせる場所にするため、支援の輪を広げていくこと。彼らと一つ屋根の下での暮らしは、私を活き活きとさせてくれる。

何もかもスマホ片手に翻訳アプリを使って会話や意見交換。でも、それでよかです。ノー・プロブレム。

　ウィシュマのイメージしてくれていた私とはかなり違うけれど、これからも今までどおり地域の中でできることを、身の程知らずで、わきまえることを知らないままにやっていこうと思う。「下宿館」の合言葉は "Living for Today"。先の心配ばかりしないで、今日この日を生きよう。私たちにとって、とても大きな意味を持つ美しい言葉だ。

　リビングで、秋の草花に埋もれるように囲まれて、ウィシュマがにっこり微笑んでくれている。

　ありがとう。大好きだよ、ウィシュマ。

Japan amma

入管法改悪に反対する緊急アクション シット・イン
（東京・衆議院第二議員会館前にて）

ウィシュマ・サンダマリさんのご遺骨から
願われ励まされ続ける私たち

明通寺坊守　北條良至子

　そのこと、つまりウィシュマ・サンダマリさんのご遺骨は全く予期せぬ形でうちのお寺で供養させていただくこととなりました。
　「実はウィシュマさんのお骨はスリランカへは持って帰らないとのことなのですが、そちらのお寺でお預かりしていただけませんか？」
　それは5月16日、ウィシュマさんのご葬儀を名古屋で終えたご遺族や関係者が地元のスリランカ寺へのお参りに来られた時、偶々居合わせた私への突然の相談事でした。スリランカでは一般人はお骨を供養する習慣がないそうで、そのスリランカ寺院でもお骨はお預かりされないとのことでした。

　日本でほとんど忘れられているある史実※1を伝えるために、ジャヤワルダナ元スリランカ大統領の顕彰記念碑を有縁の一般市民の懇志により明通寺の境内に建立したのは5年前。以来、その碑を訪ねて下さる方々やスリランカ支援の方々と様々な交流や学びが始まりました。
　10年前、東日本大震災のときには在日の各国の大使が本国へ帰国する中で、スリランカ大使自らが被災地へ出向きカレーを作ってふるまって下さり、日本に住むスリランカ人に対して被災者支援を呼び掛けて下さったこと。そしてスリランカでは仏教徒たちが全土で

各寺院に集まり、犠牲者の追悼と被災者の無事を祈って下さったことなども初めて知りました。

　2年前、スリランカでのテロ事件が起きたときには、明通寺でテロ犠牲追悼の「祈りのつどい」を企画しました。その第2回目に「平和と和解に向けて　スリランカの仏教から見えてきたもの」というお話をいただいた僧侶・横尾明親師の紹介で、その後、岐阜県海津にあるスリランカ寺院に伺うようになりました。

　奇しくも私はコロナ禍直前までの数か月、そのお寺に毎週のように伺い、お参りの中に座らせていただくという貴重な体験をさせていただきました。日本で働き生活しておられるたくさんの若いスリランカ仏教徒の方々（子育て中の家族が多いです）がそのお寺に集い、仏教を心の拠り所として大切にしておられる様子を拝見して、私は同じ人間、同じ仏教徒として自分たち日本の仏教徒としての在り方を自問せざるを得ない気持ちになりました。

　その日も、日本人として何もできなかったことが申し訳なくて、せめてもとお参りに伺ったその席での突然のご遺骨のお話でした。日本のお寺として自分たちにも何かができるとの気持ちで二言なくお引き受けいたしました。ウィシュマさんの死については、うちの中でも話題にしていたので住職も反対するはずはなく、突然起きたその状況を電話で説明すると、すぐに了解してくれました。

　ご遺族や代理人の弁護士先生方は、その足でうちのお寺へと移動され、住職のお勤めの後、ウィシュマさんのお骨を本堂へ納めて、長い一日の最後に安堵の表情でお帰りになられました。

　その帰り際に、ウィシュマさんの遺影を抱いた妹さんたちに簡単

な英語で、生前に何もできなかったことへのお詫びの気持ちをお伝えしたのですが、悲涙に満ちた妹さんたちの瞳は忘れられません。

　長い一日の最後の、この予想外の展開に同行されたのはごくわずかの報道関係者やジャーナリストの方々でした。翌朝、本堂に飛び込んでこられたのが、隣町の住人まのあけみさん。20年ぶりの再会に目を丸くしながらもウィシュマさんの支援者としての彼女の活動を、その時ようやく初めて知りました。私はお葬式にも抗議集会にも参加できず、まのさんとはすれ違いばかりで出会うことがなかったのです。彼女にお電話されたのは、昨夜遅れて到着されたジャーナリストの中のお一人だったようです。

　けれどもまのさんの想いを聞き、ウィシュマさんからのお手紙のコピーをその時いただき、それを読み、初めてウィシュマさんをとても身近な存在として感じ涙あふれながら、お話を伺いました。

　奇しくも私はまのさんとは同い年。聞けば地域での子育て支援も並行して取り組んでおられ、私もお寺で同じような取り組みをしてきた数年があり、一瞬にして20年という音信不通を越えて、互いにわかりあえたことでした。彼女がわが娘のようにウィシュマさんを受け入れようとして、それが果たせなかった無念の気持ちも痛いほど伝わってきました。私は早速、ウィシュマさんが描いた曼荼羅画と自分の浴衣すがたを想像して描いた絵をコピーして彼女のお骨箱に貼り付けました。

　もしも自分の家族、友人、恋人が外国籍（特に欧米社会圏外）の人だったら？

　「こんな愚かにも恥ずかしい制度をいつまでも残していてはいけない！」と日本の入管制度の異常さをきっと思い知ることでしょう。

つい最近出版された中島京子さんの小説『やさしい猫』も、入管制度問題が一般市民の日常と深く関わる可能性を感じる素敵な小説でお薦めです。その中に登場する温かな弁護士さん方が実在しておられ、今回、ご遺族がその励ましで、辛い思いをのり越えて数々の大切なメッセージを伝えて下さってきました。超党派国会議員、ジャーナリスト、また学生の皆さんも抗議の声の先頭に立って下さっています。「この国は今度こそ変わらなければ！」という気持ちが日本の一般市民のあらゆる世代にも強まっていることを感じます。

　一人でも多くの方々がこの本を読んで、ウィシュマさんを身近に感じ、日本が抱えるこのような課題を「我がこと」として自分に引き寄せて下さることを心から願っています。

　全くの奇縁により永代供養させていただくことになったウィシュマさんのご遺骨。今はまだ「どうか安らかにお眠り下さい」と言える問題解決の状況では決してありません。けれども日本が大好きだった彼女は遺骨となって日本に永遠にとどまり、この国がまっとうな国に確かに変わるようにと願い、私たちを励まし続けて下さっているように感じています。

　（※１）1951年、サンフランシスコ講和会議で主張されていた戦勝国による敗戦国日本の分割統治論に対して、スリランカ（当時セイロン）大蔵大臣（当時）のジャヤワルダナ氏が、ブッダの教えを引用して演説されたことに多くの国々が賛同し日本は分割を免れた。

アクリル板の壁、人間の手紙

平田雅己

> 人々は抵抗する。肉体は果てても、心は生きる。彼らは創造を
> 忘れない。記憶と夢を神に託す。
>
> 映画『夜と霧』（1955年）

　今年4月24日、私は知人の眞野明美さんが準備した愛知県津島市
吉祥寺でのウィシュマ・サンダマリさんの四十九日法要に参列した。
そのとき控室で公開されていた、本書に収録されているウィシュマ
さんが眞野さんに宛てた手紙や絵の数々に初めて目を通した。「今す
ぐに私を助けてください」という断末魔の叫びが記された2月2日付
の手紙から、入管施設内の異常な処遇状況を想像し怒りに震えた。「私
のことを考えてくれて、ありがとう。私はマノさんが大好きです」
と自分の死を覚悟した遺書のような結びになった2月8日付の最後の
手紙に目頭が熱くなった。最後の手紙のあと、夢や希望を語る人間
としての輝きを失った彼女の肉体はどんどん朽ちていき、「ミイラ」
（眞野）のような生ける屍になり果てたところで非情な死の宣告が
なされる。すでに直接伺っていた眞野さんの証言を思い出しながら、
ウィシュマさんの手紙のない最後の26日間を想像し胸が締め付けら
れた。

　このように真綿で首を絞めるように人間を徐々に弱らせ、死に追

いやっていく収容施設の冷酷さは、被害規模は明らかに違うものの、かつてのナチス・ドイツに管理された収容施設でのユダヤ人大量虐殺の実態とイメージが重なる。今年はこのホロコーストの責任者の一人である元ナチス親衛隊中佐アドルフ・アイヒマンの戦犯法廷の開始から60年の節目にあたる。ウィシュマさんの死を念頭に、学生時代に読んだ哲学者ハンナ・アーレントの裁判傍聴記録『エルサレムのアイヒマン』を読み直した。以前はさほど留意していなかったあることばが私の心を捉えて離さなかった。

「行政的殺戮」

アーレントにとってこのことばは、もっぱら戦時の全体主義国家の運営を担う行政機構によって遂行される民間人大量殺戮をイメージするものであった。この政策の主たる担い手は政府指導者、軍人、官僚、警察といった公務員である。「行政的殺戮」を「国家の安全や公共の福祉のために働く公務員によって人間が不当に殺されること」と大雑把に定義づけるならば、平時の現代日本で日常的に淡々と発生している不気味な「殺戮」の存在に気づかされる。近畿財務局員の赤木俊夫さんを自殺に追いやった財務省の公文書改ざん問題や公立学校で発生しやすいいじめを原因とする生徒の自殺と事後対応問題、あるいは昨年来続く夥しい数のコロナ関連死の一つ一つの原因をつぶさに考察すると、この「殺戮」と関係のあるものがかなり含まれているように思われる。個々の事件報道の内容から、現代日本で起こる「行政的殺戮」は露骨な殺意に基づくわけではなく、無関心、怠慢、忖度、ストレス、同調圧力、保身などによるものと考えられる。

日本の「行政的殺戮」現場の中で、最も密室的で非人道的な場が入管収容施設であるような気がしてならない。8月10日に公表された、

ウィシュマさん死亡事件に関する入管庁の「最終報告書」は、常勤の医師・医療通訳者・介護の専門家の不在、DV被害の扱い方に関する内部通達の周知不徹底、被収容者からの申し出を幹部に報告する体制の不備など名古屋入管の組織運営上の問題点が列挙され、それらの改善策が提示された。だがこうした劣悪な収容環境を放置し続け、「飢餓状態」にあったウィシュマさんを死に追いやった責任は一体誰にあるのかという点については明言を避け、あたかも彼女の死は様々な悪条件が偶然重なって発生した不運に過ぎなかった、と言い逃れをしている印象しか得られなかった。入管施設の問題は外国人収容者だけの問題ではない。2007年から現在までの14年間に、判明しているだけでもウィシュマさんを含む17人の外国人収容者が長期収容中に命を落としているにもかかわらず（うち自殺者5人）、それらの悲劇に痛痒を感じ、公務員に課せられている犯罪告発義務を果たす入管職員が一人も出てこない。働く者の人間性すらも奪ってしまう日本の入管体制の闇に戦慄を覚える。

　眞野さんは非人間的な入管体制に人間を吹き込み、ウィシュマさんの命を救おうと正面から果敢に挑んでいった。名古屋入管側が介護経験のある眞野さんの経口補水液（OS-1）投与の提案を遅まきながら採用した事実が入管庁の「最終報告書」の中で明らかにされている。しかし眞野さんを含む支援者側が強く要望した点滴や仮放免などウィシュマさんの劇的な健康回復に必要な措置を入管当局が認めることはなかった。

　4月中旬に眞野さんとこの事件について初めて電話で話をした際、彼女は「面会室のアクリル板を叩き割ってウィシュマを連れ出したかった」と涙声で語った。私も十数年前に勤務大学の留学生が違法

就労の疑いで収容された際、当時名古屋市役所近くにあった旧収容施設を何度も訪れ、学生と自分を隔てるこのアクリル板の現実に何度も涙したことがある。眞野さんは実の娘のようにウィシュマさんに接していただけに、その無念の深さは想像を絶する。だが悔いることはない。本書に収められたウィシュマさんの手紙は、アクリル板の壁を乗り越えて、外国人・日本人の垣根を乗り越えて、二人の女性が人間的な心の絆を持つことができた揺るぎない証である。ウィシュマさんの絵は長期の拘禁状態下で希望と絶望が日々交差する中で、魂を振り絞って創造されたものばかりである。特に彼女が描いた曼荼羅画はジョン・レノンの『イマジン』の世界観や人間観にも相通じる深遠かつ普遍的なメッセージが込められているように感じる。シンガーソングライター「まのあけみ」さんとの交流だったからこそ、ウィシュマさんのアーティスティックな才能がうまく引き出されたのだと思う。

　非人道的な入管収容施設が存続し続ける背景として、外国人を含む少数者や社会的弱者に対する一般の日本人の差別意識も無視できない。今年は「平和の祭典」東京五輪開催を背景として、日本人の人権感覚が疑われる著名人の差別発言が相次いだ。入管収容問題を放置したまま人権擁護を訴える国民向けビデオメッセージを平気で流す法務省の欺瞞が象徴するように、多くの日本人にとっても人権は依然、観念的な理解に留まっているような気がしてならない。日頃、平和教育に携わる者の見方として、さらに一歩踏み込んだ理解の仕方が求められているように思う。「人権＝人間が人間として生まれながらに持っている権利」を「論じる」よりも、その中に含まれている「人間」そのものを「感じる」ことにもっと人は時間をかけるべ

きではないか（スマホを脇において）。私が述べる人間とは自己と他者が共有する、本質的に弱く、複雑で、不可解で、孤独な存在のことである。人間同士の真の絆は理屈ではなく感情を通じて形成されるものである。そうした絆を一人一人が意識的に追い求めることができれば、入管収容業務に体現される、人間を選別し一方的に排除する考え方の無意味さや愚かさも自然と理解されるのではなかろうか。

　志向すべきは「人権」派ではなく「人間」派。

　ウィシュマさんを蘇生した意義深い本書を読み、そのようなことを考えた。

　2021年9月　ニューヨークの「グラウンドゼロ」からの噴煙を目の当たりにしてから20年目の月に

謝辞

　START（外国人労働者・難民と共に歩む会）の松井保憲さんは、ウィシュマの死の真相究明のために奔走しながら、休む暇もなく名古屋入管に収容されている人々の処遇改善を今も訴え続けておられます。ウィシュマと出会わせて下さったことに深く感謝しています。

　寄稿して下さった平田雅己先生とは「YOSHIの会」でつながりがありましたが、これまで深い親交はありませんでした。ウィシュマの死亡記事に接し、連絡をいただいた時、私と同じ「入管体験」をお持ちであると初めて知りました。自責の念にさいなまれる私の心に寄り添い、支えていただきました。名古屋入管を刑事告発されるなど、その行動する姿に憧れています。

　不思議な御縁でウィシュマの遺骨を受け入れて下さった明通寺坊守の北條良至子さん。人権、命、平和の大切さを、私たちにいつも伝えて下さいます。格式あるお寺を手仕事のアートであたたかく盛り上げ、「ウィシュマはこのお寺に来たかったんだ」、そう思うのです。文章までお書きいただけ、ほんとうにありがとうございました。

　私のリクエストにご快諾いただき本の帯に言葉を寄せて下さったフォトジャーナリストの安田菜津紀さん。取材に来てくれたときは、まるで遺族に向き合うみたいに私に接し、インタビューというよりお見舞をいただいているように感じました。ウィシュマが作ってくれるジャガイモたっぷりのスリランカ料理、私はほんとうに楽しみにしていました。心のこもった言葉をありがとうございました。

　思い出すのが苦しくてなかなか書き進めない私を待って下さり、話に

じっくり耳を傾けて下さった構成の関口威人さん。「ウィシュマさん自身が語ってくれる本にしましょう」と、終始穏やかに辛抱強くたずさわって下さった風媒社の劉永昇さん。おかげで本という形にすることができました。ありがとうございます。

　そしてイラストを書いて下さった「ゆっきー舎」こと小柳康之さん。彼は「下宿館」の1人目の住人で、ウィシュマとの面会の時から電話で話し込んで、まるでカウンセリングみたいでしたね。「日本文化に憧れを持っていたのに、日本人の友だちができなかったとつぶやいたウィシュマさん。彼女に友達を作るつもりで」と書いてくれたこの絵が私は大好きです。元の絵は右手が切れていたので、そこも書き足してくれました。ほんとうにありがとう！

入管の闇に消されたすべての方々の名誉と尊厳の回復を願って
ウィシュマの魂とご遺族に本書を捧げます。

眞野明美

【著者略歴】

眞野明美（まの・あけみ）
1953年、福岡県生まれ。日本福祉大学卒業。
シンガーソングライターとして全国の女性団体、学校、少
年院などでのコンサートを行う。1992年、名古屋市の高校生・
服部剛丈君射殺事件を契機に始まった米社会からの銃撤廃
運動によせる曲「YOSHI」を作曲。
2018年、愛知県津島市で自宅を兼ねた多世代シェアハウス
をオープン。難民認定裁判係争中のウガンダ人男性を受け
入れることで入管問題と関わる。

カバーイラスト　ゆっきー舎

装　幀　澤口　環

ウィシュマさんを知っていますか？
名古屋入管収容場から届いた手紙

2021 年 10 月 20 日　第 1 刷発行
（定価はカバーに表示してあります）

著　者　　眞野　明美
構　成　　関口　威人
発行者　　山口　章

発行所　　名古屋市中区大須 1 丁目 16-29　　風媒社
　　　　　振替 00880-5-5616 電話 052-218-7808
　　　　　http://www.fubaisha.com/